Kirchenmusikalisches Jahrbuch

Kirchenmusikalisches Jahrbuch

Im Auftrag der
Görres-Gesellschaft
und in Verbindung mit dem
Allgemeinen Cäcilien-Verband
für Deutschland
herausgegeben von
Ulrich Konrad

107. Jahrgang – 2023

Kirchenmusikalisches Jahrbuch

Gegründet 1886 von Franz Xaver Haberl (1840–1910) „zum Besten der Kirchenmusikschule Regensburg", die von ihm 1873 errichtet wurde. Seit 1909 wird das Jahrbuch finanziell gefördert von der Görres-Gesellschaft zur Pflege der Wissenschaft und wurde 1930–1982 herausgegeben vom Allgemeinen Cäcilien-Verband in Verbindung mit der Görres-Gesellschaft.

Schriftleitung: Professor Dr. Ulrich Konrad (Institut für Musikforschung der Julius-Maximilians-Universität Würzburg, Domerschulstraße 13, D-97070 Würzburg, Telefon: 0931/3182828, E-Mail: ulrich.konrad@uni-wuerzburg.de); Dr. Bettina Schwemer, Redaktion.

Wissenschaftlicher Beirat:
Prof. Dr. Peter Ackermann (Frankfurt am Main)
Prof. Dr. Birgit Lodes (Wien)
Prof. Dr. Klaus Pietschmann (Mainz)
Prof. Dr. Christiane Wiesenfeldt (Heidelberg)

Bibliografische Information der Deutschen Nationalbibliothek

Die Deutsche Nationalbibliothek verzeichnet diese Publikation in der Deutschen Nationalbibliografie; detaillierte bibliografische Daten sind im Internet über https://www.dnb.de abrufbar.

© 2023 Brill Schöningh, Wollmarktstraße 115, D-33098 Paderborn, ein Imprint der Brill-Gruppe
(Koninklijke Brill NV, Leiden, Niederlande; Brill USA Inc., Boston MA, USA; Brill Asia Pte Ltd, Singapore; Brill Deutschland GmbH, Paderborn, Deutschland; Brill Österreich GmbH, Wien, Österreich) Koninklijke Brill NV umfasst die Imprints Brill, Brill Nijhoff, Brill Schöningh, Brill Fink, Brill mentis, Brill Wageningen Academic, Vandenhoeck & Ruprecht, Böhlau und V&R unipress

Internet: www.brill.com

Wissenschaftlicher Satz: satz&sonders GmbH, Dülmen
Herstellung: Brill Deutschland GmbH, Paderborn

ISSN 0075-6199
ISBN 978-3-506-79386-7 (paperback)
ISBN 978-3-657-79386-0 (e-book)

Inhalt

Von „veniunt" zu „eamus"
Zur semantischen Funktion der Melodien im frühen Osterspiel[*]

Michael Eberle

Die Geschichte der liturgischen Spiele erfuhr im 12. Jahrhundert eine entscheidende Wendung. Gleichwohl schon in früherer Zeit längere Spiele verfasst worden waren, begann man nun, die traditionellen Darstellungen der Osterereignisse systematisch zu erweitern[1]. Das früheste überlieferte Beispiel dieser Entwicklung katalogisierte Walther Lipphardt in seiner umfassenden Edition unter der Nummer 823[2]. Dieses Spiel aus der katalanischen Bischofsstadt Vic enthält neben der traditionellen Szene des Grabbesuchs einleitende Gesänge, die den Salbenkauf der Marien und Erkennungsszenen der Ostergeschichte erzählen. Damit liefert es außerdem den frühesten Beleg für eine Händlerdarstellung im Osterkontext[3].

Die Melodien des Spiels sind – weitgehend gut lesbar – in der Handschrift E-VI ms. 105 (bischöfliches Archiv von Vic, früher ms. 111, im Folgenden „Vic 105") überliefert. Allerdings blieb eine analytische und kontextualisierende Studie bislang aus. Denn die Betrachtungen liturgischer Spiele allgemein erfolgten in erster Linie aus Perspektiven der Literaturwissenschaft und Ritualforschung. Von musikwissenschaftlicher Seite konzentrierte man sich auf Verbreitungs-, Provenienz- und Strukturfragen oder die Nachzeichnung vermeintlicher Entwicklungsprozesse[4]. Spielimmanente Untersuchungen zu Melodiebildung und Funktionsweise wurden kaum vorgenommen[5]. 2018 bemerkte David Klausner in seinem einschlägigen Beitrag zur Cambridge History of Medieval Music:

„In spoken-word drama music is never simply decorative, but always functional and representative. Conversely, in drama which is entirely sung the music is generally decorative rather than

---

[*] Der vorliegende Beitrag ist die überarbeitete Fassung eines Vortrags, der am 30.09.2022 auf der Jahrestagung der Gesellschaft für Musikforschung gehalten wurde. Vgl. auch M. Eberle: *Eamus mirram emere*: Der musikalische Beitrag zu Ritualität und Theatralität in den frühen Osterfeiern von Vic, Masterarbeit vorgelegt an der Universität Hamburg 2019.

[1] Zu den früheren Spielen vgl. u. a. P. Dronke, Nine medieval Latin plays, Cambridge 1994.

[2] W. Lipphardt/H.-G. Roloff/L. Mundt, Lateinische Osterfeiern und Osterspiele, 9 Bde., Berlin/New York 1975–1990, hier Bd. 5, S. 1663–1668.

[3] Vgl. R. Donovan, The liturgical drama in medieval Spain, Toronto 1958, S. 81; Dronke, S. 83.

[4] Vgl. z. B. E. A. Schuler, Die Musik der Osterfeiern, Osterspiele und Passionen des Mittelalters, Kassel u. a. 1951; W. Smoldon, The Music of the Medieval Church Dramas, hrsg. v. C. Bourgeault, London u. a. 1980; S. Rankin, The Music of the Medieval Liturgical Drama in France and England, 2 Bde., London/New York 1989; U. Evers/J. Janota, Die Melodien der lateinischen Osterfeiern. Editionen und Kommentare, Berlin/Boston 2013.

[5] Zu nennen seien z. B. M. L. Norton, The Type II Visitatio Sepulcri. A repertorial Study, Ohio State University 1983; M. L. Batoff, Re-envisioning the Visitatio Sepulchri in Medieval Germany: The Intersection of Plainchant, Litury, Epic and Reform, Michigan 2013.

representative. [...] The music of liturgical drama is itself liturgical, derived from the longstanding patterns of liturgical chant. Like the chant, it is not symbolic or representative, but is an ornamentation or embellishment of the words of the sacred texts."[6]

Laut Klausners Einschätzung sind die Melodien des gesungenen liturgischen Spiels lediglich schmückenden Charakters; sie dienen dem verzierten Wortvortrag ohne bestimmte verweisende oder sonst wie semantische Funktion. Klausner selbst räumte jedoch bereits mögliche Ausnahmen von seiner Einschätzung ein[7]. Die überlieferten liturgischen Spiele weisen teils so unterschiedliche Anlagen auf, dass eine Pauschalaussage nicht sinnvoll erscheint. Spiel Nr. 823 liefert aufgrund der Melodienotation und erhaltener Kontextquellen jedoch gute Voraussetzungen für eine Untersuchung hinsichtlich seiner Melodieanlage und -konzeption.

Es ist darum das Anliegen dieses Beitrags, Spiel Nr. 823 bezüglich der verwendeten Melodien zu untersuchen und so einen ersten Antwortversuch auf die Frage nach Funktionalität und Bedeutung der Melodien im frühen Osterspiel zu unternehmen.

Das Spiel als Visitatio Sepulchri

Das Spiel findet sich auf fol. 58 v–62 r der Handschrift Vic 105. Obwohl die Faszikel der Handschrift teils unterschiedlich datiert wurden, lässt sich die Niederschrift des Spiels grundsätzlich im späteren 12. Jh. verorten[8]. Ein genauerer Blick auf die Spielanlage offenbart folgende Struktur:

Marienverse:	Abschnitt A: Adhortativische Einleitung
	Abschnitt B: Planctus und mercator-Szene
	Abschnitt C: Planctus
	Abschnitt D: Planctus (ohne Melodie notiert)
Visitatio Sepulchri	
Te Deum laudamus	
Peregrinusverse:	Abschnitt E: Ortulanus- oder Erscheinungsszene
	Abschnitt F: Apostelspiel
	Abschnitt G: Emmausszene / Officium Peregrinorum
	Abschnitt H: Doxologie

Diese Fülle an Text und Inhalt veranlasste Lipphardt dazu, das Spiel als zusammenhängenden Ludus Paschalis zu bezeichnen und als abgetrennt von der Liturgie zu verstehen. Aber in seinem Kommentar zu Nr. 823 merkte er bereits selbst die Problematik dieser Einordnung hinsichtlich mehrerer liturgischer Ankerpunkte an – namentlich das *Te Deum laudamus* sowie die Verwendung von Antiphonen

---

[6]   D. Klausner, Music in Drama, in: The Cambridge History of Medieval Music, hrsg. v. M. Everist / T. F. Kelly, Cambridge 2018, Bd. 1, S. 500–526, hier S. 501 f.

[7]   Vgl. ebd., S. 501.

[8]   Vgl. z. B. M. S. Gros I Pujol, Els Tropers Prosers de la Catedral de Vic. Estudi I Edició, Barcelona 1999, S. 48; E. Castro Caridad, Tropos y troparios hispánicos, Santiago de Compostela 1992, S. 68.

und einer Doxologie im zweiten Teil[9]. Nichtsdestoweniger behielt er die Kategorisierung bei und auch andere gaben das Spiel, mit oder ohne Bedenken, als einen zusammenhängenden Text wieder und vermuteten teils Positionierungen jenseits eines liturgischen Rahmens[10]. Somit stehen mit der Textgestalt einerseits und dem Aufführungskontext andererseits zwei verschiedene grundlegende Aspekte zur Diskussion.

Der Blick in die Handschrift lässt dabei jedoch wenig Raum für Zweifel. Sie unterteilt mittels titulierender Rubriken das Spiel deutlich in die *Verses pascales de iii. mariis* und die *Versus de pelegrino*[11]. Die Annahme, dass Nr. 823 dennoch als ein durchgängiger Text angelegt wurde, scheint daher in der Verortung außerhalb oder am Rande des Gottesdienstes begründet zu sein. Keine der Studien berief sich auf zeitgenössische Hinweise zur Aufführung. Dabei hatte schon Richard Donovan 1958 einen solchen – obgleich nicht bewusst – präsentiert. Er zitierte die folgende Passage einer Consueta des 13. Jahrhunderts aus Vic, die auch bei Lipphardt unter der Nr. 465 verzeichnet ist und die Einbettung des Spiels im Rahmen der Matutin am Ostersonntag schildert:

„Tercium responsorium, *Et valde mane*, cum verbeta, et cum *Gloria*, et verbeta *Christus hodie surrexit ex tumulo.* Deinde fiat representacio de .III. Mariis. Qua facta, episcopus dicat *Te Deum laudamus.* Versus *Surrexit Dominus de sepulcro.* Deinde dicantur Laudes.“[12]
(Das dritte Responsorium, *Et valde mane*, mit den verbeta, und mit dem *Gloria*, und den verbeta *Christus hodie surrexit ex tumulo.* Hierauf finde die repraesentatio der 3 Marien statt. Nachdem diese ausgeführt ist, soll der Bischof das *Te Deum laudamus* singen. Versus *Surrexit Dominus de sepulcro.* Hierauf werden die Laudes gesungen.)

Da Vic 105 mit dem Spiel zu diesem Zeitpunkt noch fälschlich nach Ripoll verortet wurde, fiel Donovan selbst die Relevanz dieses Fundes gar nicht auf und er konnte nur bedauern, dass „Vich cathedral itself was the scene of a Visitatio Sepulchri early on Easter morning, but unfortunately we do not possess the text of the play.“[13] Für die Peregrinusverse unterlief ihm aufgrund der Ortszuschreibung derselbe Fehler: Auch für diesen Teil konnte er einen Hinweis in einer Consueta im Kontext der Vesper am Ostermontag ausmachen. Zwar stammt dieser erst aus dem Jahre 1413 und verwendet die abweichende Bezeichnung *Oficium Peregrini*[14], doch lassen die beiden Eintragungen deutlich auf zwei getrennte Spiele im Rahmen des jeweiligen Offiziums schließen, deren einzige überlieferte Quelle Vic 105 aus dem 12. Jahrhundert darstellt. Es gibt keinerlei Indiz für die Annahme, die beiden Spiele der Nr. 823

---

9 Lipphardt, Bd. 8, S. 808.

10 K. Young, The drama of the medieval church, 2 Bde., Oxford 1962 (= 1. Aufl. 1933), hier Bd. 1 S. 678–681; Dronke S. 92–105; dagegen Donovan, S. 78–81 und 85; E. Castro, El drama litúrgico, Barcelona 1997, S. 124–133 und 252–257.

11 In der Handschrift abgekürzte Titel ergänzt nach Lipphardt, Bd. 5, S. 1666 und Dronke, S. 100.

12 Donovan, S. 82. Die Übersetzungen stammen vom Verfasser.

13 Ebd., S. 81.

14 Ebd., S. 86: „In reuersione oratio, *Concede quaesumus.* Et fiat *Oficium Peregrini,* si uoluerint, sicut ordinatum est.“ Der explizite Hinweis auf den fakultativen Charakter des *Oficium Peregrini* ist auffällig und untermauert die These zweier getrennter Spiele (vgl. Eberle S. 70).

seien vor den Consuetaeinträgen anderweitig zur Aufführung gekommen. Insofern sind sie eindeutig als Spiele im liturgischen Kontext zu verstehen.

Welche Konsequenzen aber folgen aus diesem Schluss? Die Unabhängigkeit beider Spiele voneinander und ihr recht unterschiedlicher Charakter nötigen zu einer getrennten, bestenfalls vergleichenden Behandlung. Darum möchte ich mich im Folgenden auf das erste Spiel, die *Verses pascales de iii. mariis* mit der Visitatio (im Folgenden „Nr. 823/I") fokussieren.

Eamus und Veniunt: Anbindung und Abtrennung

Mit der von der Consueta angewiesenen Positionierung des Spiels ist die typische Verortung einer Visitatio Sepulchri am Ostermorgen gegeben. Daher lässt sich vermuten, dass der Grabbesuch den Kern des Spieles darstellt, der um die sekundären Abschnitte A–D erweitert wurde. Und der Überlieferungskontext deckt sich mit dieser Überlegung, denn das Aussetzen der Melodienotation auf fol. 59v spricht für eine frühere Niederschrift der Grabszene [15]. Somit handelt es sich bei dem Spiel um eine Visitatio Sepulchri des I. Typs (d. h. ohne traditionelle Textzusätze), die um einleitende Gesänge erweitert wurde. Dabei bildet die eigentliche Visitatio nicht nur den inhaltlichen Höhepunkt, sondern auch den essentiellen rituellen Moment. Das wird deutlich, wenn man sich die Bedeutung und Funktion der Visitatio im Rahmen der Matutin vor Augen führt. Der Liturgiker Sicardus von Cremona kommentierte im frühen 13. Jahrhundert:

„Quidam hanc repraesentationem faciunt, antequam inchoent Matutinas, sed hic est locus proprius eo quod ,Te Deum laudamus' exprimit horam, qua Dominus resurrexit." [16]
(Einige führen diese Repräsentation aus, bevor sie die Matutin anstimmen, doch hier ist der eigentliche Ort, da das *Te Deum laudamus* die Stunde ausdrückt, in welcher der Herr auferstanden ist.)

Die österliche Matutin ist ganz auf die Rememoration des Grabbesuches und damit die Entdeckung der Auferstehung Christi ausgerichtet. Mehr noch: Sicardus' Bemerkung zielt auf eine Identifikation der aktuellen Zeit während des Offiziums mit dem historischen Zeitpunkt des Grabbesuches ab [17]. Durch diese Gleichsetzung wird das re-inszenierte Ostergeschehen im Ritual erneut real. Für die Anwesenden wird damit erlebbar, was Michel de Certeau als das zentrale Moment der Ostertheologie beschrieb: „La privation initiale de corps ne cesse de susciter des institutions et des discours qui sont les effets et les substituts de cette absence: corps ecclésiastiques, corps doctrinaux etc." [18] Die Konsequenz dieser Umdeutung der leiblichen Abwesenheit Christi zum österlichen Kerygma und der kirchlichen

---

[15] Für eine detailliertere Erörterung vgl. Eberle, S. 13.
[16] Zit. nach Lipphardt, Bd. 1, S. 145.
[17] Vgl. C. Petersen, Ritual und Theater. Meßallegorese, Osterfeier und Osterspiel im Mittelalter, Tübingen 2004, S. 81 f.
[18] M. de Certeau, La Fable mystique. XVIe–XVIIe Siècle, Paris 1982, S. 110.

Gemeinschaft ist das Singen des *Te Deum*: In ihm vereinen sich historische und aktuelle christliche Gemeinschaft, um Auferstehung und Bekenntnis zu Christus zu feiern und sich als überzeitliche Gemeinschaft zu formen[19].

Es ist das konstitutive Element der liturgischen Spiele, zur Kreierung und Steigerung dieses Effekts den modus operandi des Gottesdienstes von symbolischer Nacherzählung hin zur Darstellung des Erzählten zu verschieben. Der elementare Unterschied von Standardliturgie und Spiel besteht in der Neuanordnung und „Umkodierung"[20] dessen, was Christopher Petersen in seiner Dissertation 2004 „liturgische Zeichen" nannte, von allegorisch-symbolisch hin zu „theatral-mimetisch" und „narrativ organisiert"[21]. Zwar sind nur für die späteren Spiele aus Vic und seiner Umgebung zum Teil genaue Handlungsanweisungen überliefert[22], doch kann man mit Sicherheit von einer Aufführung der Spiele ausgehen, die auf audiovisuelle Weise den hermeneutischen Wechsel von symbolisch zu narrativ signalisierte und umsetzte. Solche „Marker" finden sich in vielen überlieferten Feierbeschreibungen[23].

Vbi est Christus meus dominus	Wo ist Christus, mein Herr
et filius excelsi	und der Sohn des Hohen
Eamus uidere sepulcrum[24]	Lasst uns gehen, das Grab zu sehen

Auch auf den Ebenen von Text und Musik sind solche Marker zu finden. Schon die Umstellung von Erzählung hin zu konsequenter direkter Rede ohne erzählerische Einschübe gehört zu diesem Wechsel. Sie ist praktisch unüberhörbar in der für die katalanischen Feiern charakteristischen Eingangsfrage „*Ubi est Christus*"[25]. Mit ihr wird augenblicklich in die historische Situation eingeführt, in der die Marien das Grab Christi aufsuchen. Zugleich ist das Problem der Materialität der Auferstehung direkt zu Beginn in den Mittelpunkt des Rituals gestellt: Die Frage nach dem Aufenthaltsort Christi und somit seiner Auferstehung hängt von materieller An- oder eben Abwesenheit seines Leibes ab.

Nimmt man hypothetisch eine direkte Abfolge von Responsorium und Visitatio an, wie sie ohne Tropen und vorgeschaltete Marienverse der Fall wäre, sticht diese Eröffnungsfrage auch musikalisch durch den markanten Einstieg auf g und den

---

[19] Vgl. Petersen, S. 81 f; C. C. Flanigan, Medieval Liturgy and the Arts. Visitatio Sepulchri as Paradigm, in: Liturgy and the arts in the Middle Ages. Studies in Honour of C. Clifford Flanigan, hrsg. v. E. L. Lillie / N. H. Petersen, Copenhagen 1996, S. 9–35, hier S. 10.

[20] Petersen S. 91.

[21] Ebd., S. 17.

[22] Vgl. Donovan, S. 76–78 und 83 f. (= Lipphardt Nr. 60, 71 und 464).

[23] Vgl. Petersen, S. 87–111.

[24] Bei allen Wiedergaben von Text und Melodie des Spieles handelt es sich um eine im Zuge meiner Masterarbeit erstellten handschriftorientierten Revision auf Grundlage der Textausgabe von Dronke, S. 92–105 und der bislang unveröffentlichten Text- und Melodieedition von K. Landerkin und I. Kraft im Rahmen des Editionsprojekts „Corpus Monodicum" (s. o., Fußnote *). Den Editorinnen möchte ich für die Bereitstellung des Materials herzlich danken.

[25] Vgl. H. de Boor, Die Textgeschichte der lateinischen Osterfeiern, Tübingen 1967, S. 123 f.

Notenbeispiel 1: Beginn der Visitatio Sepulchri

anschließenden Aufstieg f-a-c im Kontrast zu dem in recht typischem 1. Modus stehenden Responsorium *Et valde mane* heraus (siehe Notenbeispiel 1).

Der g-Modus des Spieles wird hier aber noch keinesfalls etabliert; die Melodie bewegt sich zunächst im für den 6. Modus typischen Tonraum mit dem zentralen Terzgang f-g-a und anschließend im unteren Tonraum c-d-e-f, bevor sie in einer Standardfloskel der d-Modi kadenziert[26]. Mit dem zweiten Satz der Marien erklingt ein weiterer textlicher Marker: Der Adhortativ *„Eamus videre sepulcrum"* steht im grammatikalischen Kontrast zur 3. Person des *„veniunt"* im Responsorium und betont den Eröffnungs- und Handlungscharakter des Textteils. Der Abgrenzung vom Responsorium stehen aber eine gewisse modale Anbindung und leichte motivische Ähnlichkeit durch die Etablierung von Tonraum und Kadenzierung innerhalb der d-Modi gegenüber. Alles in allem scheint dieser erste Abschnitt als signalhafter, kontrastierender Übergang zu fungieren, dessen Melodik zugleich eine Tendenz zur Anbindung an das regulär-liturgische Responsorium erkennen lässt.

Erst jetzt wendet sich die Modalität der Visitatio klar nach g (siehe Notenbeispiel 2). Die Frage des Engels, die den traditionellen Kerndialog eröffnet, beginnt wieder auf dem Ton g, der durch seine Wiederholung nach der Umspielung f-e-f als Zentralton bestätigt wird. Und er bleibt in den folgenden Versen nicht nur dominant, sondern avanciert zur Finalis, um die sich abwechselnd Elemente des authentischen 7. und des plagalen 8. Modus entwickeln. Dabei fallen die hervorstechenden authentischen Passagen auf die essentiellen Textmomente: Die zentrale Botschaft *„Non es hic"* mit dem Quintsprung g-d' und der anschließenden Ambitusausschöpfung hin zum hohen f' schafft explizit das Vakuum der leiblichen Abwesenheit. Die Reaktion und Ausfüllung durch den mystischen Körper der Gemeinschaft und des Kerygma erfolgt anhand des Freudenrufes *„Alleluia"* auf einer ähnlichen Passage. Dabei fungiert das *„Alleluia"*, das von der Osternacht an liturgisch wieder intensive Verwendung findet, zugleich als Mittler zwischen

---

[26] Zum Terzgang f-g-a vgl. C. Schmidt, Harmonia Modorum. Eine gregorianische Melodielehre, Winterthur 2004, S. 73–96.

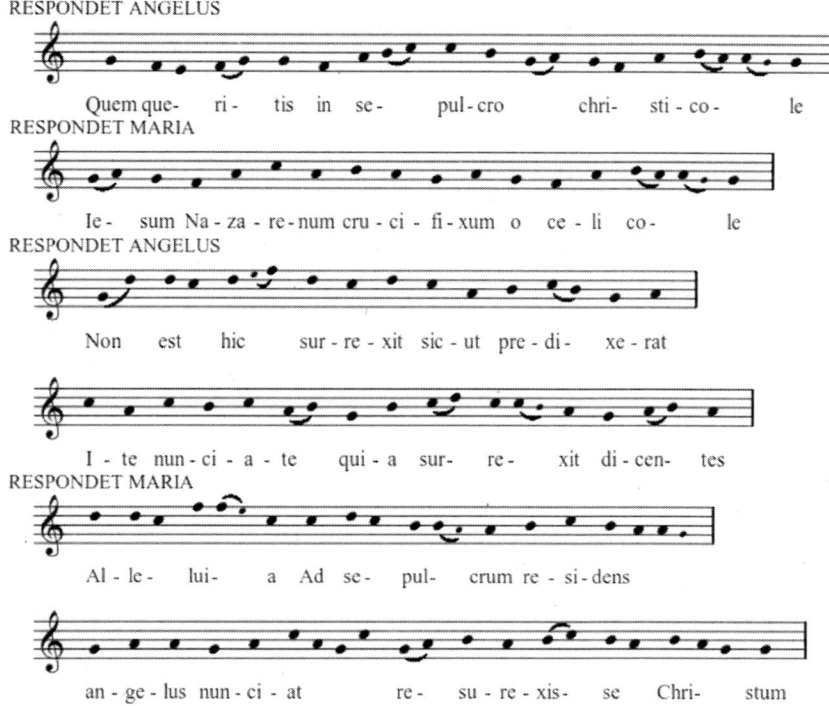

Notenbeispiel 2: Fortsetzung der Visitatio Sepulchri

historischem und gegenwärtigem Geschehen und initiiert die Rückkehr in die reguläre Liturgie: Die Marien wenden sich nun mit ihrer Verkündigung direkt an die Gemeinde, deren Vertreter, der Bischof – so die oben zitierte Consueta – daraufhin das *Te Deum* anstimmt.

Der Charakter des Hymnus als Scharnier zwischen historischer und aktueller Zeit kam bereits zur Sprache. Er kommt auch melodisch zum Ausdruck: Das in der Visitatio prominente g ist auch im *Te Deum* von großer Bedeutung. Hier eröffnet und beschließt es mehrere Phrasen, obwohl es sich letzten Endes als Terz eines facettenreichen 3. Modus und subtonium seines Rezitationstones a herausstellt. Wie schon zu Beginn der Visitatio wird hier ein Übergang geschaffen, der zwischen Spiel und regulärer Liturgie vermittelt.

Es zeigt sich, dass die Melodie in der Visitatio dazu verwendet wird, gemeinsam mit dem Text Elemente zur Abgrenzung von Spiel und Liturgie zu schaffen, um den Wechsel ihrer Hermeneutik von symbolisch und allegorisch hin zu narrativ und mimetisch und zurück zu signalisieren, zugleich aber auch als Mittel der Anbindung dient, um den Rahmen des Offiziums nicht zu sprengen.

Die Verbeta, die Donovan in einem Breviarum des 14. Jahrhunderts fand und auf S. 82 seiner Studie wiedergab, haben keinen Einfluss auf die hier entwickelte Deutung. Eine ihnen eigene Melodie scheint nicht überliefert zu sein und ihr Text entfaltet wie schon das Responsorium den erzählerischen Rahmen. Darum sollen sie hier unbehandelt bleiben. Zu erwähnen sei nur die Verwendung des typischen Tropuswortes „*hodie*", das die Gleichsetzung von aktueller und historischer Zeit unterstreicht[27].

Die Marienverse im Spannungsfeld von Ritualität und Theatralität

Es lässt sich nicht rekonstruieren, ob das Spiel bei seiner Einführung zunächst nur aus der Visitatio bestand – vielleicht mit einzelnen Abschnitten erweitert –, oder von Beginn an in vollem Umfang zur Aufführung gelangte. Auch für den Rest Europas sind mit den sogenannten Visitatiotypen II und III Erweiterungen in geringerem Umfang und mit anderem Inhalt belegt. Systematisch betrachtet sticht Nr. 823/I nur insofern hervor, als sie sich durch eine individuelle Gestaltung der Erweiterungen nochmals von den Typen II und III unterscheidet. Die Abschnitte A–D erweisen sich bereits auf den ersten Blick als formal unterschiedlich gestaltete Liedformen, welche die zumindest anderenorts präexistente Visitatio tropenhaft erweitern. In jedem Falle stellt sich die Frage, ob die postulierte Funktion der Melodie als Signalmedium zur Anbindung und Absetzung durch die Marienverse bestätigt oder modifiziert wird.

Bereits der erste Vers von Abschnitt A lässt aufhorchen. Bei „*Eamus mirram emere*" handelt es sich offensichtlich um eine vorgeschaltete Umwandlung des „*Eamus videre spepulcrum*" der Visitatio (siehe Notenbeispiel 3): Während das Signalwort „*Eamus*" den grammatikalischen Kontrast zum Responsorium bewahrt, eröffnet die Variation des Verses mit der Ankündigung des Salbenkaufes einen neuen Handlungsraum. Es wird gleich zu Beginn klar, dass die Grabesszene nach wie vor zentral ist, aber zunächst eine neue Szene vorgeschaltet wird. Damit übernimmt nun der kurze Abschnitt A die Rolle des Übergangs. Seine metrische Struktur ist zweideutig und kann sowohl im Sinne eines Langzeilenpaares, das der regulären Liturgie fremd ist, als auch einer traditionellen Hymnenstrophe ambrosianischer Bauart gedeutet werden[28]. Die Schwerpunktsetzung innerhalb dieser Ambivalenz wird wiederum anhand der Melodie entschieden: Sie greift über modale Formelhaf-

Notenbeispiel 3: Abschnitt A

---

27 Zur Bedeutung des „*hodie*" vgl. W. Arlt, Komponieren im Galluskloster um 900: Tuotilos Tropen Hodie cantandus est zur Weihnacht und Quoniam dominus Iesus Christus zum Fest des Iohannes evangelista, in: Schweizer Jahrbuch für Musikwissenschaft, Bd. 15, 1995, S. 41–70, hier S. 48.
28 Zur ersten Möglichkeit vgl. z. B. Dronke S. 87.

Notenbeispiel 4: Motivvergleich Responsorium / Abschnitt A

tigkeit hinaus die Motivik des Responsoriums auf, sodass eine enge musikalische Anbindung an die Nocturn entsteht (siehe Notenbeispiel 4[29]).

Welchem Zweck dient nun diese intensivierte Anbindung an das Offizium mittels der Motivbildung gegenüber solcher Anbindung in der Visitatio ohne Erweiterungen, die primär durch Modalität erfolgte? Hier ist es hilfreich, die in vielen Spielen geschilderten Elemente theatralen Charakters in den Blick zu nehmen. Christoph Petersen konnte an einer Reihe von Beispielen feststellen, dass „die Verwendung theatral kodierter Zeichen durch eine Grenze strikt kontrolliert war, die der liturgische Kontext dem paraliturgischen Einschub vorgab. Nur in Ausnahmefällen wurde die Theatralität der Feier so ausgearbeitet, daß sie über die Grenze hinausging und dadurch den Handlungsraum der Feier aus ihrem Kontext tendenziell herauslöste."[30] Die neuen umfassenden, im weitesten Sinne szenischen Erweiterungen von Nr. 823/I verschieben das Ritual an den Rand des liturgischen Rahmens. Deutlich wird das bereits in Abschnitt B. Zum einen erscheint hier mit der Vagantenstrophe nun eine der traditionellen Liturgie gänzlich fremden Liedform, zum anderen aber verleihen vor allem der Auftritt des mercator und sein Dialog mit den Marien, vermutlich unterstützt durch visuelle Mittel, der Handlung eine gewisse gesteigerte Realistik. Dafür sprechen auch die Vereinfachung seiner Strophenmelodie und Auslassung des Refrains, also desjenigen Formteils mit Ritualcharakter[31].

Dic tu nobis / mercator iuuenis	Sag du uns, junger Händler,
hoc unguentum / si tu uendideris	Diese Salbe, sofern du sie verkaufen wirst,
dic precium / nam iam habueris	Sag uns den Preis, denn schon sollst du ihn haben.
Heu ⟨quantus est noster dolor⟩	Oh, wie groß ist unser Schmerz.
Respondet Mercator	Der Händler antwortet
Mulieres / michi intendite	Frauen, richtet eure Aufmerksamkeit auf mich,
hoc unguentum / si uultis emere	wenn ihr diese Salbe kaufen wollt:
datur genus / mire potencie	Ihr ist die Beschaffenheit der Kraft von Myrrhe gegeben.

---

29 Der im Notenbeispiel wiedergegebene Beginn des Responsoriums *Et valde mane* basiert auf der Handschrift A-Wn 1799, deren Fassung hier der Cantus Manuscript Database entnommen wurde. Dort ist die Melodie unter der Cantus-ID 006676 aufgelistet, http://cantusindex.org/id/006676 (04.01.2023). Ihre Verwendung wird durch die liturgischen Quellen nahegelegt (vgl. Castro, El drama, S. 107; mit Melodie versehenes Initium in Girona: E-Bbc Ms. 619, fol. 48r).

30 Petersen, S. 109.

31 A. Haug, Musikalische Lyrik im Mittelalter, in: Musikalische Lyrik, Teil 1: Von der Antike bis zum 18. Jahrhundert (= Handbuch der musikalischen Gattungen Bd. 8,1), hrsg. v. H. Danuser, Laaber 2004, S. 59–129, hier S. 120–123.

Tatsächlich bewertete Helmut de Boor diesen Moment sogar als „schauspieleri-
sche Reproduktion eines vergangenen Geschehnisses" im Unterschied zum „gottesdienstliche[n] Akt, der sich gegenwärtig" vollziehe[32]. Doch genau hier wird die
melodische Anbindung relevant: Indem das Spiel melodisch aus dem Responsorium heraus entwickelt wird, ist die Verankerung im gottesdienstlichen Kontext
gesichert und die gesteigerte Realistik avanciert vielmehr zum Werkzeug des Rituals.

Die Motivation einer solchen Tendenz zur theatralen Realistik liegt in der vorbe-
reitenden Akzentuierung bedeutsamer Elemente des Ostermomentes: Die Dring-
lichkeit des Salbenkaufs und die bildhafte Beschreibung von Verwesung durch den
mercator (*„non amplius / poscet putrescere // neque uermes / possent comedere"*)
betonen die Materialität des Leibes Christi; die Reaktion der Marien, die die Bezah-
lung des sehr hoch angesetzten Preises schon im Voraus garantieren (*„dic precium /
nam iam habueris"*), zeigt den überirdischen Wert des menschlich-göttlichen Leibes an. Durch diese Szene, begleitet von der allgegenwärtigen Klage über Jesu Tod,
wird die Materialität seines Leibes äußerst eindrücklich vor Augen geführt – und
somit der rituelle Effekt intensiviert, in dem die letztlich leibliche Abwesenheit ja
zum Vakuum und der kerygmatischen und gemeinschaftlichen Substitution führt.
Zuletzt dürfte eine solche Realistik auch die überzeitliche Realisierung der historischen Ereignisse verdeutlichen. Insofern ist die Händlerszene nicht nur eine
innovative und kreative Hinzufügung, sondern stellt den Höhepunkt der Marienverse dar, der die zentrale Grabesszene intensivierend vorbereitet.

Zurück zur Melodik: Das bislang Postulierte lässt sich nur unter der Feststellung
einer melodischen Anbindung behaupten, die das ganze Spiel Nr. 823/I zusammen-
hält. Und tatsächlich ist eine solche Absicht in der Melodiebildung festzustellen.

Die Motivübernahme vom Responsorium zu Abschnitt A der Marienverse
wurde oben bereits beobachtet. Dasselbe lässt sich nun auch für die Abschnitte
untereinander feststellen. Die zentrale Rolle kommt dabei dem Terzgang f-g-a zu,
der sich schon in der Visitatio fand. Er liegt allen Grundmotiven des Spieles zugrunde und erfährt dabei mehrfache modale Umdeutung: Abschnitt B übernimmt
ihn aus A und deutet ihn zugunsten des 6. Modus um (siehe Notenbeispiel 5). Dabei
verweilen die Melodiezeilen α und β ganz und gar im tetrachordum molle auf f
(außer die Sänger legten Wert auf ein b-durum), während γ mit einem Ausflug
in den unteren Tonraum anhand des hexachordum naturale den 2. Modus noch
einmal anklingen lässt – gemäß der Finalis f aber nur als Nebenaspekt des 6. Modus.

Die Melodie zu Abschnitt C weicht von der zunächst unproblematischen Anbindung an den 6. oder vielleicht auch 2. Modus der vorigen Teile mit den zentralen Tö-
nen f und d durch die Kadenzierung zum g unerwartet ab (siehe Notenbeispiel 6).
Gleichwohl der Quartsprung g-c' und die anschließende Vergrößerung des Ambitus
c'-d'-e' in Zeile γ Grundelemente der g-Modi sind, ist der melodische Verlauf doch
eher untypisch, sodass die Strophe letzten Endes als instabiler 8. Modus gedeutet

---

[32] De Boor, S. 356.

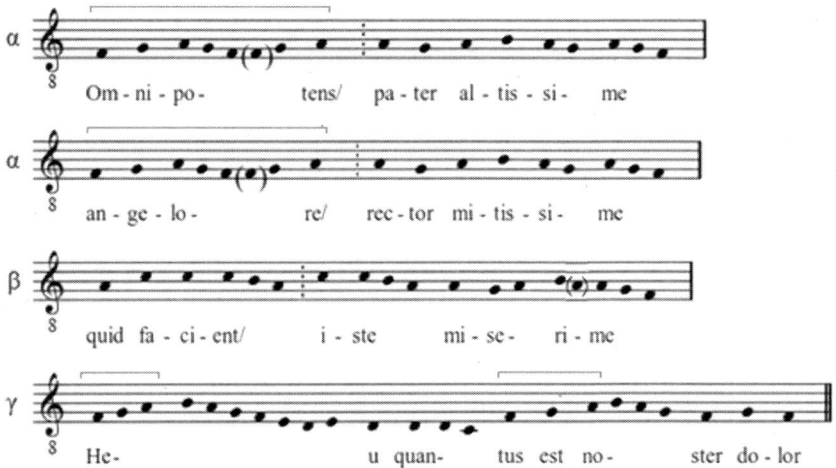

Notenbeispiel 5: Motivadaption in Abschnitt B

Notenbeispiel 6: Umdeutung des Motivkerns in Abschnitt C

werden kann (sofern nur hexachordum naturale und hexachordum durum Verwendung fanden). In Verbindung mit der melodischen Kanzonenform und der hoch
virtuosen Textdichtung im 7-versigen Reihenreim, der sukzessive auf alle lateinischen Vokale erklingt, erinnert das Lied formal an das kunstvolle Liedschaffen
der zeitgleich in unmittelbarer Nachbarschaft tätigen Troubadours.[33] Dem Inhalt
nach ist es wie auch die nichtdialogischen Teile von Abschnitt B und D als Planctus zu bezeichnen und als solcher wohl ein Ergebnis des sich im 12. Jahrhundert
entwickelnden „Verlangen[s] nach Erregung starker Gefühle in Verbindung mit
Musik und sinnlicher Anschauung [...].“[34] Obwohl die Rubriken eine Engelsfigur
einführen, die auf die Klagen der Marien reagiert, kommt es nicht zum Dialog –
der Abschnitt hat weniger theatralen, sondern vielmehr mystisch-reflexiven Charakter, in welchem Trauer und Freude nebeneinander stehen[35]. Dabei wird der
reflektierte Tod Christi auf die Auferstehung ausgerichtet („*nostra surge surreccio*“).
Somit resultiert die Visitatio nicht nur szenisch, sondern auch theologisch aus den
sich ähnelnden Abschnitten C und D. Der Text geht hier Hand in Hand mit der
Melodie, denn die modale Diversität des Abschnitts C führt geschickt in die modale
Ambivalenz zu Beginn der Visitatio. Zu Abschnitt D ist zwar leider keine Melodie
überliefert, doch kann im Hinblick auf das Festgestellte eine Weiterführung der
modalen Entwicklung ausgehend vom Terzgang f-g-a vermutet werden.

Zusammenfassung: Spielerweiterung als teleologischer Raum

Die Untersuchung von Text und Melodie der Visitatio und der sie tropenhaft
erweiternden Marienverse in Spiel Nr. 823 hat gezeigt, dass es sich hier keineswegs
um ein Beispiel früher „fully fledged plays“ im Gegensatz zu „'borderline' com-
positions that relate as much to liturgical ceremony as to drama“ handelt[36]. Als
im Rahmen der Matutin praktiziertes Ritual dient die Visitatio dem Vollzug des
Ostermomentes: In der Darstellung der Abwesenheit Christi wird die Substitution
seines Leibes durch den metaphorischen Körper von Kerygma und Gemeinschaft
nachvollziehbar manifest. Indem die Melodie die Visitatio von den sie umgeben-
den Gesängen absetzt und zugleich keine vollständige Unabhängigkeit entwickelt,
zeigt sie ein ihr verliehenes Potential, Einfluss auf die hermeneutische Interpretation zu nehmen.

An diesem Spannungsfeld entzünden sich die Marienverse als tropenhafte Erweiterung der Grabesszene. Die dialogischen Passagen und das Auftreten des
Händlers dienen trotz der kreierten Steigerung „szenischer“ Realistik keinem theatralen Selbstzweck. Vielmehr wird die Theatralität gezielt als Werkzeug eingesetzt,

---

[33] Es ließe sich auch eine melodische Verwandtschaft zur Gattung des Lai postulieren. Siehe z.B. die –
allerdings jüngere – Melodie des *Lai de Notre Dame* des Ernoul le Vieux (vgl. J. Stevens, Reflections
on the Music of Medieval Narrative Poetry, in: The Oral Epic: Performance and Music, hrsg. v. K.
Reichl, Berlin 2000, S. 233–248, hier S. 239 f.)

[34] B. K. Vollmann, Art. Planctus, in: MGG, 2. Ausgabe, Sachteil, Bd. 7, Kassel 1997, Sp. 1618.

[35] Vgl. Dronke S. 84.

[36] Ebd., S. XVII.

um dem Ritual zusätzliche Intensität und Gegenständlichkeit zu verleihen und das Paradoxon inszenierter Abwesenheit aufzulösen. Dass dieser Umstand bislang zu wenig herausgearbeitet wurde, ist der Nichtbeachtung der Melodien geschuldet. Denn der Zweck der Erweiterung zeigt sich erst bei Feststellung der strategischen Anlage der Melodieverwendung: der anhand modaler, teils motivischer Elemente gezielten Anbindung des Spieles an die Rahmenliturgie der Matutin unter Beibehaltung hermeneutisch absetzender Signale. Das Spiel greift die Melodik des Responsoriums auf und entwickelt sie durch Umdeutungen hin zur Visitatio. Besonders anschaulich wird das beim sprachlichen Wechsel vom *„veniunt"* des Responsoriums zum *„eamus"* der Visitatio, in den das melodisch verwandte *„eamus"* der Einleitung der Marienverse zwischengeschaltet wird. Musik und Text der Marienverse erweisen sich so als gemeinsam fungierender teleologischer Vorsatz, der vorbereitend und ausdeutend zur Visitatio hinführt, der Vergegenständlichung der „Mitte des christlichen Bekenntnisses."[37]

---

[37] A. Middelbeck-Varwick, Ostern ist noch nicht vorbei. Eine Skizze zum christlichen Auferstehungsglauben, in: Ostern. Ursprünge und Bräuche, hrsg. v. M. Pohlmeyer / C. Stolz, Hamburg 2019, S. 23–33, hier S. 24.

Komponierte Ambiguität
Ein anderer Blick auf polyphone Messen des 15. und 16. Jahrhunderts*

Dominik Höink

Seit einigen Jahren ist ein zunehmendes Interesse am Thema Ambiguität in der geistes- und kulturwissenschaftlichen Forschung zu verzeichnen[1]. Selbstverständlich hat sich auch die Musikwissenschaft ambigen Phänomenen im musikalischen Bereich bereits vor Jahrzehnten zugewandt[2]. Im vorliegenden Beitrag jedoch soll es um ein spezifisches Verständnis von Ambiguität gehen, wie es maßgeblich der Arabist Thomas Bauer entwickelt hat, nämlich um den Begriff der „kulturellen Ambiguität"[3]. Im Zentrum der Übertragung des von Bauer für die Geschichte des Islams entwickelten Ansatzes auf die Musikgeschichte steht ein bekanntes Phänomen: die Vermischung von weltlichen und geistlichen Elementen in Messvertonungen. Dieser Beitrag wird keine neuen Quellen beschreiben oder Detailstudien unternehmen, sondern soll zur weitergehenden Diskussion anregen. Entsprechend ist auch das gewählte Phänomen, nämlich die Verarbeitung weltlicher Vorlagen in Messvertonungen, sowie die zeitliche Konzentration auf das 15. und 16. Jahrhundert nur als ein beinahe beliebiges – wenn auch höchst passendes – Exempel gedacht, um die kulturwissenschaftliche Ambiguitätsforschung für die Musikwissenschaft nutzbar zu machen.

Ein bekanntes Phänomen

Wenn wir nachfolgend den Blick auf Ordinariumsvertonungen wenden, so steht nicht allein eine musikalische Form im Mittelpunkt, die in der zeitgenössischen Musiktheorie als anspruchsvollste Gattung musikalischer Komposition galt, sondern zugleich diejenige Musikform, die genuin die stärkste religiöse Bindung aufweist, indem sie den Kern religiösen Lebens, die Liturgie, und damit die zentralen Bekenntnistexte musikalisch ausdeutet. Bei der Verbindung der fünf Teile zu

---

* Der vorliegende Beitrag ist die überarbeitete Fassung eines Vortrags, der am 24. September 2022 beim Sektionstreffen Musikwissenschaft im Rahmen der 124. Generalversammlung der Görres-Gesellschaft in Aachen gehalten wurde.

[1] Es ist nicht zielführend, hier eine vollständige Bibliographie anzuführen, vielmehr sei exemplarisch für die Auseinandersetzung mit der Frühen Neuzeit auf folgende, jüngere Arbeiten verwiesen: H. v. Thiessen, Das Zeitalter der Ambiguität. Vom Umgang mit Werten und Normen in der Frühen Neuzeit, Köln 2021, und A. Pietsch / B. Stollberg-Rilinger (Hrsg.), Konfessionelle Ambiguität. Uneindeutigkeit und Verstellung als religiöse Praxis in der Frühen Neuzeit, [Gütersloh] 2013 (= Schriften des Vereins für Reformationsgeschichte 214).

[2] Exemplarisch erwähnt sei lediglich H. Danuser, Zum Problem musikalischer Ambiguität. Einige Aspekte von Beethovens Klaviersonate in e-moll op. 90, in: Zeitschrift für Musiktheorie 8 (1977), S. 22–28.

[3] Vgl. T. Bauer, Die Kultur der Ambiguität. Eine andere Geschichte des Islam, Berlin 2011.

einer musikalischen Komposition war die Verarbeitung einer einheitlichen Choralvorlage naheliegend, ist doch der Choral zugleich der eigentliche, sanktionierte liturgische Gesang. Jene Verarbeitung einer einheitlichen choralen Fremdvorlage hatte einerseits zur Folge, dass die fünf Teile auf musikalischer Ebene verbunden wurden. Andererseits erhielt sie als Ganzes über den Ursprungskontext des Chorals sowie dessen Text hinaus eine weitere inhaltliche Aufladung, als Marien-, Weihnachts-, Pfingstmesse etc. Wie nun aber verändert sich die Situation, wenn nicht ein gregorianischer Gesang verwendet wird, sondern ein präexistenter weltlicher Satz, etwa eine Chanson oder ein deutsches Tenorlied?

Die Zahl der Messen über weltliche Fremdvorlagen ist bekanntlich Legion. Bereits aus dem frühen Quattrocento sind Messensatzpaare überliefert, deren Titel auf eine weltliche Vorlage hindeuten[4]. Weitaus anspruchsvoller und schließlich den gesamten fünfteiligen Zyklus prägend wird die Verarbeitung einer weltlichen Fremdvorlage in Guillaume Dufays *Missa Se la face ay pale*[5]. In diesem Fall liegen verschiedene Interpretationen vor, die die Wahl der Vorlage begründen. Während zum einen ein Bezug zu Hochzeitsfeierlichkeiten hergestellt worden ist[6], wurde die Messe zum anderen als Prototyp einer Tradition von „Masses for Christ based on secular songs"[7] betrachtet und dabei mit dem Turiner Grabtuch in Verbindung gebracht. Ganz gleich welche der genannten (oder auch anderen) Deutungen dieser Messe plausibler erscheinen, ist bereits an der Literatur zu diesem Beispiel ablesbar, dass die Verbindung von weltlicher Vorlage und liturgischer Gattung zur Auseinandersetzung mit der Kompositionsentscheidung auffordert. In den nachfolgenden Jahrzehnten sind sodann zahlreiche Messen über weltliche Vorlagen entstanden – eine regelrechte Tradition war begründet. Hinsichtlich der Herkunft der Vorlage ist bekanntlich eine ebenso große Breite gegeben wie mit Blick auf deren Inhalte. Verwiesen sei lediglich auf die zahlreichen L'homme-armé-Messen samt der zugehörigen unterschiedlichen Deutungen[8], oder die Verarbeitung von Liebesliedern in Messvertonungen und damit verbundene allegorische Bezugnahmen auf die Liebe zur Gottesmutter[9]. Dabei sei jedoch ebenso angemerkt, dass es höchst erotische, äußerst anstößige Liedvorlagen gibt, die von namhaften Komponisten verarbeitet worden sind. Hingewiesen sei etwa auf Josquins *Missa L'ami*

---

[4] Vgl. L. Finscher, Die Messe als musikalisches Kunstwerk, in: Die Musik des 15. und 16. Jahrhunderts, hrsg. v. dems., Laaber 1989 (= Neues Handbuch der Musikwissenschaft 3), S. 193–275, hier S. 199.

[5] Dazu u. a. A. W. Robertson, The Man with the Pale Face, the Shroud, and Du Fay's *Missa Se la face ay pale*, in: The Journal of Musicology 27 (2010), S. 377–434, oder P. Gülke, Guillaume Du Fay. Musik des 15. Jahrhunderts, Stuttgart/Weimar 2003, S. 344–375.

[6] Vgl. Gülke, S. 347 f. Jener Hochzeitsbezug ist von Robertson in Zweifel gezogen worden. Vgl. Robertson, S. 380–388.

[7] Ebd., S. 379. In ihrer christologischen Lesart bezieht Robertson den Vorlagentext auf Christus, „beseeching the soul, a feminine noun (*anima, âme, Seele, Ziel*), to be mindful of his suffering". Ebd., S. 399 f.

[8] Vgl. die Zusammenstellung der Deutungen in K. Wichern, Zur Frühgeschichte der „L'homme armé"-Messe bis zur Mitte des 16. Jahrhunderts, Dissertation Weimar/Jena 2018.

[9] Vgl. exemplarisch M. J. Bloxam, „I have never seen your equal". Agricola, the Virgin, and the Creed, in: Early Music 34 (2006), S. 391–407.

baudichon, deren Vorlage den sogenannten „chanson[s] vulgaire[s]" zugeordnet worden ist[10]. Mit dieser eindeutig auf ein Liebesspiel verweisenden Vorlage liegt ein äußerst vulgäres Beispiel der Integration einer weltlichen Vorlage in eine Messkomposition vor. Dieses Beispiel ist aber noch in weiterer Hinsicht von Interesse, denn in einer Veroneser Handschrift, die aus der Feder eines Schreibers aus der Cappella Sistina stammen soll, sind Textunterlegungen zu finden, die nicht der Chanson entnommen sind:

„Lamibaudichon, meine Dame.
Lasst Eure Federn.
Es ist der richtige Zeitpunkt dafür.
Lamibaudichon, meine Dame."[11]

Jüngst ist die plausible Vermutung geäußert worden, dass dieser in der Messenquelle eingetragene Text „die Tenoristen während des Singens kräftig amüsiert haben dürfte"[12]. Die Mehrdeutigkeit, die sich dadurch ergibt, ist somit äußerst plakativ und steht „der Gruppe der Tenorsänger beim Singen stets vor Augen"[13]. Spätestens bei Messen dieser Art darf man skeptisch sein, ob der Hinweis auf ein in der Zeit typisches Denkmuster, nämlich die Parallelisierung von weltlicher und geistlicher Liebe, tragfähig ist[14].

Ergänzt seien – jenseits der Verarbeitung von Chansons oder Liedern – drei anders gelagerte Beispiele, um das Spektrum zu erweitern:

1) Ein Spannungsverhältnis zwischen religiöser Gattung und dem Eindringen weltlicher Elemente ergibt sich auch mit Blick auf das reichhaltige Repertoire sogenannter Herrschermessen, als deren berühmter Prototyp Josquins *Missa Hercules dux Ferrariae* gilt[15]. Über den Weg der Solmisationssilben hat Josquin aus dem Herrschernamen sein musikalisches Material, das soggetto cavato, gewonnen. Das auf diese Weise musikalisch codierte Herrscherlob durchzieht die gesamte Messe. Obschon ein sakrales Herrschaftsverständnis für Ercole d'Este belegt ist[16], wirkt die Omnipräsenz des Herrscherlobs im Kontext der Intonation des Ordinariumstextes wie eine „idolatrische Überspitzung"[17].

---

[10] Vgl. die präzise Einordnung in: C. Wiesenfeldt, Von Messen, Latten und Messlatten. Josquin Desprez' *Missa L'ami baudichon*, in: „music is different" – isn't it? Dimensionen musikalischer Autonomie. Festschrift Siegfried Oechsle, hrsg. v. K. Kirsch / A. Lotzow, Kassel u. a. 2021 (= Kieler Schriften zur Musikwissenschaft 57), S. 69–86, hier S. 77.

[11] Zit. n. ebd., S. 82.

[12] Ebd.

[13] Ebd., S. 84.

[14] Vgl. u. a. M. J. Bloxam, A Cultural Context for the Chanson Mass, in: Early Musical Borrowing. Criticism and analysis of early music, hrsg. v. H. Meconi, New York u. a. 2004, S. 7–35.

[15] Vgl. die grundlegende Studie von A. Ammendola, Polyphone Herrschermessen (1500–1650): Kontext und Symbolizität, Göttingen 2013 (= Abhandlungen zur Musikgeschichte 26).

[16] Vgl. ebd., S. 62–68.

[17] K. Pietschmann, Repräsentationsformen in der frankoflämischen Musikkultur des 15. und 16. Jahrhunderts. Transfer, Austausch, Akkulturation, in: *Musiktheorie* 25 (2010), S. 99–115, hier S. 103.

2) Das Konzil von Trient hat sich vergleichsweise wenig mit der Kirchenmusik befasst und keine große programmatische Erklärung vorgelegt, sondern vielmehr die Reformentscheidungen an lokale Instanzen weitergereicht[18]. Mit seiner im schlussendlich verabschiedeten Dekret formulierten Forderung, alles „Laszive und Unreine"[19] aus der Kirchenmusik zu verbannen blieb es vage. Konkreter hingegen waren die Reformforderungen, die im Vorfeld bzw. Zusammenhang mit dem Konzil diskutiert wurden, wovon der – nicht verabschiedete – Achte Kanon über die Missbräuche in der Liturgie Zeugnis ablegt, nämlich durch die Formulierung des Verbots der Verarbeitung weltlicher Fremdvorlagen[20]. Dies, sowie die Forderung nach Textverständlichkeit, zielt auf Eindeutigkeit und kann damit als zeittypisch für jene post-reformatorischen Bemühungen um eine grundsätzliche Vereindeutigung des Glaubens gelten[21], die allerdings keineswegs erreicht worden ist, sondern um die fortwährend gerungen wurde[22]. Denn selbst die päpstliche Kapelle hat sich nicht an die Vorgaben des Konzils gehalten und weiterhin älteres Repertoire über weltliche Vorlagen gesungen[23]. Darüber hinaus ist eine Praxis der Verschleierung zu beobachten: So wurden in den Messenbüchern Palestrinas einige der Parodiemessen über weltliche Vorlagen nicht mehr mit ihrem ursprünglichen, die weltliche Vorlage anzeigenden Titel angegeben, sondern als *Missa sine nomine*[24]. Hier zeigt sich ein ganz pragmatischer Umgang mit der Ablehnung weltlicher Vorlagen.

3) Blicken wir auf ein letztes Beispiel, das den Rahmen nochmals weitet: Im Chorbuch Stuttgart 47 sowie in zwei Basler Handschriften ist eine Messe überliefert, die in der Basler Quelle mit dem Zusatz „lallahe" versehen ist. Bereits vor einigen Jahrzehnten haben Martin Staehelin und Eckhard Neubauer überzeugend dargelegt, dass es sich dabei um eine Messvertonung handelt, der der vierstim-

---

[18]   Vgl. C. A. Monson, The Council of Trent Revisited, in: Journal of the American Musicological Society 55 (2002), S. 1–37, sowie die Darstellung in C. T. Leitmeir, Jacobus de Kerle (1531/32–1591). Komponieren im Spannungsfeld von Kirche und Kunst, Turnhout 2009, S. 405–420.

[19]   Zum Wortlaut und Kontext vgl. Leitmeir, S. 415 f.

[20]   In der Übersetzung Leitmeirs lautet der entsprechende Ausschnitt aus dem achten Kanon: „In Messen, die mit Mensuralmusik und Orgeln gefeiert zu werden pflegen, soll nichts Weltliches eingestreut werden, sondern nur Hymnen und Gotteslob." Leitmeir, S. 414.

[21]   Vgl. Thiessen, S. 48. Wobei Thiessen auch unterstreicht: „Die Frühe Neuzeit war damit beides: das Zeitalter der Reinheit, der Eindeutigkeit, der Normierung und der zumindest angestrebten Disambiguierung – aber ebenso (und gerade deshalb) die Epoche der Ambiguität, der Widersprüche und der Konflikte." Ebd.

[22]   Büttgen verweist in seinen Ausführungen zum Begriff der *doctrina* in der Frühen Neuzeit einerseits auf einen als „spezifisch ausgewiesene[n] Zwang zur Eindeutigkeit", unterstreicht aber andererseits, dass die Frühe Neuzeit „nicht das Reich der Klarheit" war, sondern vielmehr geprägt von einem Kampf „um Klarheit". P. Büttgen, Was heißt konfessionelle Eindeutigkeit? Konzeptionelle Überlegungen zum frühneuzeitlichen Begriff der *doctrina*, in: Konfessionelle Ambiguität. Uneindeutigkeit und Verstellung als religiöse Praxis in der Frühen Neuzeit, hrsg. v. A. Pietsch / B. Stollberg-Rilinger, [Gütersloh] 2013 (= Schriften des Vereins für Reformationsgeschichte 214), S. 27–38, hier S. 32.

[23]   Vgl. Monson, S. 24 f.

[24]   Vgl. E. Schmierer, Geschichte der Musik der Renaissance. Die Musik des 16. Jahrhunderts, Laaber 2016 (= Handbuch der Musik der Renaissance 1/2), S. 423–427.

mige, „La la hö hö" überschriebene Satz Heinrich Isaacs zugrunde liegt[25]. Bei diesem Vorlagenmaterial handelt es sich um nichts weniger als eine mehrstimmige Aussetzung eines Derwischrufs über den Text „La ilaha illa'llah", was zu Deutsch heißt: „Kein Gott außer ‚Gott'"[26]. Damit ist ein Bezug zur „islamische[n] Meditationsmusik"[27] gegeben. Möglicherweise hatte Isaac beim Empfang einer türkischen Gesandtschaft durch seinen Dienstherrn Maximilian I. 1497 in Innsbruck die Gelegenheit, mit dem gesungenen islamischen Glaubensbekenntnis in Kontakt zu kommen[28]. Die Verarbeitung dieses nicht-christlichen Glaubenssatzes innerhalb einer christlichen Ordinariumsvertonung lädt nun zu verschiedensten Deutungen ein, wobei die bisherige Forschung dieses Beispiel unter anderem als das früheste Exempel für Exotismus betrachtet hat[29]. Auch hier ergibt sich ein Spannungsverhältnis zwischen Fremdvorlage und Endprodukt.

Im Folgenden soll der Blick auf Deutungsansätze zur Erklärung dieses Phänomens gewendet werden, die neben der Vielgestaltigkeit der Ausprägungen des Eindringens von weltlichen Elementen in Messvertonungen nun auch das Spektrum der Interpretationen – zumindest skizzenhaft – verdeutlichen.

Einige Deutungsansätze und Beurteilungen in der Forschung

1) Eine erste vorzufindende Erklärung besagt, die Verarbeitung weltlicher Lieder in Messvertonungen sei für die Zeitgenossen des 15. Jahrhunderts insofern unproblematisch gewesen, als ihnen die dichotome Unterscheidung von geistlich und weltlich fremd gewesen sei[30].

2) Bisweilen wird gemutmaßt, es seien bewusst Lieder ausgewählt worden, um eine „gewisse Popularisierung"[31] zu erreichen, und somit ‚Werbung' für den Gottesdienst zu machen.

3) Beweggrund für die Verarbeitung einer bestimmten Vorlage mag sodann das musikalische Material selbst gewesen sein, wenn es sich zur besonderen kontrapunktischen Verarbeitung eignet, oder wenn man dem Komponisten des Ausgangs-

---

[25] Vgl. M. Staehelin / E. Neubauer, Türkische Derwischmusik bei Heinrich Isaac, in: Von Isaac bis Bach. Studien zur älteren deutschen Musikgeschichte. Festschrift Martin Just zum 60. Geburtstag, hrsg. v. F. Heidlberger u. a., Kassel u. a. 1991, S. 27–39.

[26] Ebd., S. 32.

[27] Ebd., S. 34.

[28] Vgl. ebd., S. 38 Anm. 24.

[29] Vgl. T. Betzwieser, Art. Exotismus, 17. und 18. Jahrhundert, in: MGG Online, hrsg. v. L. Lütteken, New York u. a. 2016 ff., veröffentlicht November 2016, https://www.mgg-online.com/mgg/stable/28559 (21.02.2023).

[30] Vgl. Gülke, S. 349. Gülke führt weiter aus: „Die Welt kann nicht in die Kirchen kommen, ohne daß Kirche in die Welt kommt; das im Gottesdienst erklingende, nicht listig-polyphon unterschobene Liedlied erscheint ebenso als Vertrauenserklärung in die Totalität Gottes wie erotische Hinterlegungen im Marienkultus [...] – allemal schimmert auch die *lux aeterna*, spielt das mystische Entzücken daran mit, wie Weltfreude und Gottesliebe aneinander steigern und in eine Frömmigkeit münden, bei der kein Lebensbereich draußen bleibt."

[31] Schmierer, S. 133.

materials seine Ehre erweisen möchte, etwa zur Konstruktion einer „creative patrilineage"[32]. Dabei mag es unerheblich sein, ob dem Endprodukt überhaupt noch eine liturgische Funktion zufällt.

4) Schließlich wird diskutiert, inwiefern die weltliche Vorlage sakralisiert oder inwiefern die Messe entsakralisiert wird, ob die Praxis eine „Paganisierung der Kirchenmusik" oder eine „Taufe des Paganen" darstellt[33]. Im Kontext von *L'ami baudichon* wird etwa darauf verwiesen, dass etwas Profanes „in dem Moment sakral [wird], in dem es in den Raum geistlicher Kunst überführt wurde"[34]. Die Messkomposition mit ihrem weltlichen Element sei somit „im Moment [ihres] liturgischen Einsatzes [...] ‚nur noch' sakral"[35].

Ein anderer Zugang

An diesem Punkt nun soll ein anderer Zugang zur Interpretation des Phänomens und der Reaktionen vorgeschlagen werden, und zwar der bereits erwähnte Rekurs auf den Begriff der „kulturellen Ambiguität".

Der Ambiguitätsbegriff selbst ist aus der Sprachwissenschaft bekannt, wobei der hier angezeigte Zugang über die kulturelle Ambiguitätsforschung sich gerade dem Umgang mit Ambiguität zuwendet[36]. In forschungsgeschichtlicher Perspektive ist mit Blick auf Studien zu menschlichen Reaktionen auf ambige Phänomene zunächst auf die Psychologie zu verweisen, namentlich auf die Studien von Else Frenkel-Brunswik aus den 1940er Jahren[37]. Die Psychologin kam zu dem Schluss, dass „Personen, die sich weigern, emotionale Ambivalenz einzugestehen, gleichzeitig auf kognitiver Ebene eine hohe Intoleranz gegenüber Ambiguität aufweisen"[38]. Mit jener Ambiguitätsintoleranz gingen Schwarz-Weiß-Urteile ebenso wie vorschnelle Urteile einher[39]. In der Persönlichkeitspsychologie wird Ambiguitätstoleranz heute allgemein als Fähigkeit verstanden, „Vieldeutigkeit und Unsicherheit zur Kenntnis [zu] nehmen und ertragen [zu] können"[40]. Stanley Budner wiederum hatte bereits in den 1960er Jahren eine bipolare Definition vorgelegt,

---

[32] J. Bloxam, Ockeghem's Presence in Obrecht's Masses, in: Tijdschrift van de Koninklijke Vereniging voor Nederlandse Muziekgeschiedenis 67 (2017), Nr. 1/2, S. 103–124, hier S. 124.

[33] F. Körndle, Die Katholische Kirche und das Renaissance-Lied, in: Musikalische Aufführungspraxis in nationalen Dialogen des 16. Jahrhunderts. Teil 1: Niederländisches und deutsches weltliches Lied zwischen 1480 und 1640, hrsg. v. B. E. Hans Schmuhl / U. Omonsky, Augsburg 2007 (= Michaelsteiner Konferenzberichte 72), S. 207–219, hier S. 213. Körndle verweist auf die Praxis, Orgel-Bearbeitungen weltlicher Lieder im Gottesdienst aufzuführen, und stellt heraus, dass die Lieder für die Organisten – durch die Beseitigung des Textes – jeglichen anzüglichen Charakter verloren hätten.

[34] Wiesenfeldt, S. 84.

[35] Ebd., S. 85.

[36] Vgl. Bauer, Kultur der Ambiguität, S. 30.

[37] E. Frenkel-Brunswik, Intolerance of Ambiguity as an Emotional and Perceptual Personality Variable, in: Journal of Personality 18 (1949), S. 108–143.

[38] Bauer, Kultur der Ambiguität, S. 36.

[39] Vgl. ebd.

[40] Dorsch – Lexikon der Psychologie, hrsg. v. M. A. Wirtz, Bern [20]2021, S. 148.

die besagt: „Ambiguitätsintoleranz kann definiert werden als Neigung, mehrdeutige Umstände als bedrohlich [...], Ambiguitätstoleranz als Neigung, mehrdeutige Situationen als erstrebenswert wahrzunehmen"[41]. Bezogen auf die Religion wiederum stellte Jack Reis heraus, dass diese, sofern sie sich mit einem Dogmatismus verbindet, zu erhöhter Ambiguitätsintoleranz führt[42]. Budner hat darüber hinaus drei „ambige Situationen" definiert, mittels derer eine Brücke von der psychologischen zur kulturellen Ambiguität hergestellt werden kann. Zunächst einmal lässt sich, nach Budner, eine „ambige Situation [...] definieren als Situation, die von einer Person nicht adäquat strukturiert oder kategorisiert werden kann"[43]. Daraus wiederum lassen sich drei verschiedene Situationen ableiten:

1) „Vollständig neuartige Situationen, bei denen die mit ihnen konfrontierten Personen noch über keine Hinweise zu ihrer Bewältigung verfügen"[44]. Dies dürfte in unserem Fall irrelevant sein.

2) „[K]omplexe Situationen, bei denen eine große Zahl von Hinweisen berücksichtigt werden muß"[45]. An diesem Punkt nähern wir uns dem gewählten Beispiel.

3) „[W]idersprüchliche Situationen, bei denen verschiedene Komponenten oder Hinweise jeweils unterschiedliche Strategien plausibel erscheinen lassen"[46]. Diese widersprüchliche Situation scheint mir nun im Fall der Verbindung von Sakralem und Profanem in der Messe gegeben zu sein.

Selbstverständlich soll keine historische Psychologisierung betrieben werden, jedoch sind zur Beurteilung des Ansatzes zumindest diese knappen Bemerkungen zur psychologischen Forschung vonnöten, um das Konzept „kulturelle Ambiguität" vorzustellen.

Im Rekurs auf Bauer lässt sich nun „kulturelle Ambiguität" wie folgt definieren:

„Ein Phänomen kultureller Ambiguität liegt vor, wenn über einen längeren Zeitraum hinweg einem Begriff, einer Handlungsweise oder einem Objekt[!] gleichzeitig zwei gegensätzliche oder mindestens zwei konkurrierende, deutlich voneinander abweichende Bedeutungen zugeordnet sind, wenn eine soziale Gruppe Normen und Sinnzuweisungen für einzelne Lebensbereiche gleichzeitig aus gegensätzlichen oder stark voneinander abweichenden Diskursen bezieht oder wenn gleichzeitig innerhalb einer Gruppe unterschiedliche Deutungen eines Phänomens akzeptiert werden, wobei keine dieser Deutungen ausschließliche Geltung beanspruchen kann."[47]

Wesentlich für unseren Zusammenhang ist dabei, dass der Begriff der Ambiguität, wie er für einen kulturwissenschaftlichen Diskurs vorgeschlagen wird, abzugren-

---

41 S. Budner, Intolerance of Ambiguity as a Personality Variable, in: Journal of Personality 30 (1962), S. 29–50, hier S. 29. Zitiert nach: Bauer, Die Kultur der Ambiguität, S. 37.

42 Vgl. Jack Reis, Ambiguitätstoleranz. Beiträge zur Entwicklung eines Persönlichkeitskonstruktes, Heidelberg 1997, S. 112.

43 Budner, S. 30. Zitiert nach Bauer, Die Kultur der Ambiguität, S. 37.

44 Ebd.

45 Ebd.

46 Ebd.

47 Ebd., S. 27.

zen ist vom Begriff der Ambivalenz, der das „gleichzeitige Vorhandensein widersprüchlicher Gefühle, Wünsche und Gedanken bezeichnet"[48]. Ambivalenz als ein Zwischen-etwas-sein kann sehr wohl ein Anlass für Ambiguitätsintoleranz sein, ist davon aber streng zu trennen[49].

Den Ausgangspunkt der nun vorzunehmenden Übertragung bildet die These, dass eine liturgische Messe, deren musikalisches Material (zumindest in Teilen) dezidiert weltlich ist, einen weniger eindeutigen Charakter hinsichtlich der Religionsdimension aufweist als etwa eine solche über einen Choralgesang. Die ursprünglichen Chanson- oder Liedtexte (oder etwa das islamische Glaubensbekenntnis) lassen sich nicht durch die Einarbeitung in ein neues Kunstwerk ‚eliminieren'. Dadurch ergibt sich notgedrungen ein Verhältnis der Mehrdeutigkeit von Vorlage und Messe, das ganz unterschiedlich sein kann. Wir haben somit äußerst passende Beispiele für das, was als kulturelle Ambiguität gelten kann.

Was aber trägt der Rekurs auf den Ambiguitätsbegriff musikgeschichtlich bei? Blicken wir auf die geschilderten Deutungsansätze:

Dem ersten der oben genannten Erklärungsansätze, der eine Nicht-Differenzierung zwischen geistlicher und weltlicher Sphäre unterstellt, widersprechen jene Texte, in denen der Einzug weltlicher Elemente in die Liturgie beklagt wird. Exemplarisch sei auf den 1474 – somit weit vor dem Trienter Konzil – gedruckten Traktat *De modo bene cantandi* von Conrad von Zabern verwiesen[50]. Der Autor beklagt darin, dass in der Liturgie bisweilen Melodien gesungen würden, die „nicht von den frommen heiligen Vätern überliefert, sondern von den Dienern des Teufels eingeführt wurde[n]"[51]. Von Zabern nimmt explizit Bezug auf die Praxis der Verarbeitung weltlicher Lieder in Messensätzen und lehnt diese vehement ab. „Vor allem junge oder fleischlich gesinnte Menschen", so von Zabern, dächten „mehr an das Tanzhaus als an das Himmelreich"[52]. Zwei Sachverhalte werden an dieser Kritik deutlich: 1) Die Zeitgenossen im 15. Jahrhundert haben sehr wohl eine Trennung zwischen geistlicher und weltlicher Sphäre vorgenommen. 2) Die Verarbeitung weltlicher Vorlagen wurde auch als solche erkannt. Für Conrad von Zabern ist somit ein hohes Maß an Ambiguitätsintoleranz auszumachen.

Vergleichbar ist dann sicherlich die Ablehnung durch das Trienter Konzil. An den Klagen über Missstände im Vorfeld und während des Konzils wird ersichtlich, dass jede Form der Mehrdeutigkeit oder Unentschiedenheit nicht gewünscht war. Dies ist vor dem Hintergrund der zeithistorischen Kontexte, nämlich der sich aus-

---

[48] Ebd., S. 38 f.

[49] Vgl. ebd., S. 39.

[50] Zur Einordnung vgl. K.-W. Gümpel, Die Musiktraktate Conrads von Zabern, Wiesbaden 1956 (= Akademie der Wissenschaften und Literatur. Abhandlungen der Geistes- und Sozialwissenschaftlichen Klasse, Jg. 1956, Nr. 4).

[51] Die deutsche Übersetzung von Prof. Dr. Anja Bettenworth (Köln) ist zitiert nach: D. Höink, Weltliche deutsche Lieder in Messvertonungen des 15. und 16. Jahrhunderts. Eine erste Annäherung an das Repertoire, in: Polyphone Messen im 15. und 16. Jahrhundert. Funktion, Kontext, Symbol, hrsg. von A. Ammendola u. a., Göttingen 2012, S. 65–81, hier S. 65 f.

[52] Ebd.

differenzierenden Konfessionskulturen, nicht verwunderlich. Insofern ist das oben geschilderte Beispiel der Nichtbenennung von Messen Palestrinas, wodurch das Vorlagenmaterial verschleiert wird, ein treffliches Beispiel für die frühneuzeitliche Praxis der *dissimulatio*[53]. In Zeiten starker Ambiguitätsintoleranz wird ein pragmatischer Weg gewählt, um zumindest nach außen hin den Reformforderungen zu entsprechen. Der Pragmatismus siegt über die Normativität. Hiermit liegt ein musikalisches Beispiel für das vor, was der flämische Theologe Johannes Molanus in seinem Traktat zur Malerei unterstrichen hat: „Bisweilen sind in den Gemälden nicht diese selbst, sondern deren Bedeutung zu ändern."[54]

Hinsichtlich des zweiten Ansatzes zur Erklärung, d. h. des Einsatzes von Messen mit weltlichen Vorlagen als Werbemaßnahmen, wäre zunächst sorgfältig zu eruieren, inwiefern diese Art Messvertonungen überhaupt – über Einzelereignisse hinaus – aufgeführt worden sind. Unabhängig von dieser konkreten Frage würde eine solche Instrumentalisierung des Repertoires ein hohes Maß an Ambiguitätstoleranz voraussetzen. Vielmehr noch: Es ist die bewusste Stärkung des mehrdeutigen Charakters, wenn die Bekanntheit, und dann wohl auch die Popularität der Liedvorlage als Lockmittel für die Liturgie eingesetzt wird.

Möglicherweise ist jedoch das Denken in religiös-liturgischen Kategorien nicht immer angebracht. Es mag Beispiele geben, bei denen allein die Beschaffenheit des musikalischen Materials den Ausschlag für die Auswahl gegeben hat, wie der dritte skizzierte Erklärungsansatz besagt. Entweder weil sich das Material besonders gut eignet, um kontrapunktisch verarbeitet zu werden, oder weil es eine häufig in der Geschichte verwendete Vorlage ist und der Komponist sich in eine bestehende Tradition einschreiben will, wobei den Aspekten von aemulatio und superatio eine besondere Rolle zukommen kann.

Der hier gewählte Ansatz macht sodann mit Blick auf die vierte Deutung, nämlich die Frage, inwiefern es zu einer Sakralisierung oder zu einer Profanisierung kommt, klar, dass diese Frage anders gestellt werden muss. Es geht nicht um eine Scheidung in schwarz und weiß, sakral oder profan, sondern um die Betonung der Mehrdeutigkeit, die in Messen dieser Art steckt. Entsprechend ist weniger die Frage interessant, wie säkular oder sakral ein Werk selbst ist, oder ob der weltliche Inhalt durch die Verwendung in der Liturgie sakral wird. Weitaus erhellender ist die Frage, was es über die Zeitgenossen aussagt, dass solche Art Werke komponiert und auch rezipiert worden sind, dass diese Werke gedruckt und verkauft worden sind, dass sie aber auch verteufelt und abgelehnt worden sind. Auch wird hier deutlich, dass der ambige Charakter der Messen über weltliche Vorlagen nicht zwingend aufgelöst werden muss bzw. nicht aufgelöst werden kann. Unter gewissen kulturellen Umständen konnte man mit der Mehrdeutigkeit der Kompositionen gut leben, während andere, ambigui-

---

[53] Vgl. dazu u. a. B. Stollberg-Rilinger, Einleitung, in: Konfessionelle Ambiguität. Uneindeutigkeit und Verstellung als religiöse Praxis in der Frühen Neuzeit, hrsg. v. A. Pietsch / B. Stollberg-Rilinger, [Gütersloh] 2013 (= Schriften des Vereins für Reformationsgeschichte 214), S. 9–26, hier S. 10.

[54] Vgl. C. Hecht, Katholische Bildertheologie der frühen Neuzeit. Studien zu Traktaten von Johannes Molanus, Gabriele Paleotti und anderen Autoren, Berlin 2012, S. 334.

tätsintolerante Zeiten nach unbedingter Eindeutigkeit – also rein religiöser Musik –
verlangten. Es scheint mir daher gar nicht nötig zu argumentieren, dass die weltliche
Vorlage im Moment des Eindringens in die Liturgie sakral wird. Was offensichtlich
zumindest auch einige Zeitgenossen anders sahen, etwa Conrad von Zabern.

Das Beispiel der *Missa Lalahe* über die höchst ungewöhnliche Vorlage eines
islamischen Religionsbekenntnisses gibt zudem breiten Raum für Spekulationen,
denn abgesehen von der Quellenüberlieferung gibt es keinerlei Hinweise, die eine
Deutung erlauben. In jedem Fall ist die Verbindung von christlicher und islamischer
ritueller Musik spektakulär. Es ist ein Paradebeispiel für Mehrdeutigkeit, das in
verschiedener Weise gelesen werden kann.

Das Potenzial des geschilderten Zugriffs liegt darin, dass verschiedenste Phänomene vergleichbar werden. Entsprechend ist über den Umgang mit diesen Beispielen
zu erhellen, wie ambiguitätstolerant ein Komponist oder auch die Zeitgenossen waren. Es ermöglicht einen Transfer von der rein musikalischen auf eine soziologische
und auch psychologische Ebene. Es gilt dann, den Fokus auf die kontextuellen Fak-
toren zur richten, denn gerade jene Kontexte sind es, auf die sich die Frage nach dem
Umgang mit Ambiguität richtet. Damit wäre die vielfach rein musikwissenschaftlich
geführte Diskussion anschlussfähiger an andere Disziplinen, in denen die Auseinandersetzung mit Ambiguität weitaus verbreiteter ist. Selbstverständlich wäre der hier
vorgeschlagene Ansatz nun im Detail weiter zu prüfen und sicherlich auch deutlich
zu differenzieren. Der vorliegende Beitrag versteht sich lediglich als Anstoß, worin
der kursorische Umgang mit den erwähnten Beispielen begründet liegt.

Letztlich aber kann die Frage nach Ambiguitätstoleranz, also die Frage, wie
tolerant eine Zeit im Umgang mit mehrdeutigen Phänomenen ist, durchaus auch
erhellend mit Blick auf die jüngere Geschichte sein[55]. Wie eingangs bereits erwähnt, ist die Fokussierung auf die Frühe Neuzeit zunächst einmal beliebig, jedoch
bietet sich jene Zeit insofern an, als wir mit „Doppeldeutigkeit [konfrontiert sind],
wo man heute Eindeutigkeit erwarten würde, und Unausgetragenheit, wo man
heute eine definitive Entscheidung für nötig halten würde"[56]. Schließlich wäre
es durchaus lohnenswert, dem Phänomen der „Vereindeutigung der Welt", wie es
Thomas Bauer ebenfalls beschrieben hat, in einem größeren musikhistorischen
Rahmen nachzugehen[57].

---

[55] Bereits im Rahmen der Görres-Tagung ist angemerkt worden, dass sich der vorgestellte Ansatz
auch fruchtbringend auf die spätere Praxis der Bearbeitung weltlicher Sätze (etwa italienischer
Opernarien) für den Gebrauch in der Kirche übertragen lässt. Zur späteren Parodiepraxis und deren
Entwicklung vgl. N. Schwindt-Gros, Parodie um 1800. Zu den Quellen im deutschsprachigen Raum
und ihrer Problematik im Zeitalter des künstlerischen Autonomie-Gedankens, in: Die Musikforschung 41 (1988), S. 16–45.

[56] B. Stollberg-Rilinger, Des Kaisers alte Kleider. Verfassungsgeschichte und Symbolsprache des Alten
Reiches, München 2008, S. 85.

[57] T. Bauer, Die Vereindeutigung der Welt. Über den Verlust an Mehrdeutigkeit und Vielfalt, Stuttgart
2018.

Überlegungen zur Selbstrezeption in Parodiemessen*

Alexander Faschon

Die „Entstehung des Komponisten"[1] vollzog sich in spätem Mittelalter und früher Neuzeit als vielschichtiger Individuationsprozess innerhalb eines sozial-, institutionen- sowie mediengeschichtlich komplexen Zusammenhangs. Gewichtige Transformationen, die zur Etablierung künstlerischer Autorschaftskonzepte führten, ereigneten sich dabei besonders im 16. Jahrhundert[2]. Neben veränderten Produktions- und Rezeptionsbedingen liefern dabei auch konkret kompositorische Phänomene dieser Zeit Indizien für eine nicht nur sozial und institutionell profilierte Komponistenidentität, sondern auch für Techniken künstlerischer Selbstreflexion und -konzeption, und zwar in kompositorischer, bisweilen auch kompilatorischer Form. Scheinen bereits in der Musik des 14. und 15. Jahrhunderts vereinzelt Phänomene der Selbstzitation auf, so ist vor allem in der Musik seit etwa der zweiten Hälfte des 16. Jahrhunderts der kompositorische Selbstbezug ein nicht unüblicher Tatbestand.

Das musikalische Ordinarium missae erscheint dabei aus mindestens zwei Gründen als potentiell aufschlussreicher Gegenstand: Nicht nur lässt sich an seiner historischen Entwicklung die Tendenz von strenger funktionaler Gebundenheit hin zu einer – nicht zuletzt rezeptionshistorisch bedingten – gewissen Eigenständigkeit nachvollziehen; die zur Verfertigung von Messen verwandten kompositorischen Techniken selbst, die sich insbesondere im Lauf des 16. Jahrhunderts stark wandeln, ebenso wie die mediale Produktion und Distribution erlauben – bei aller primär liturgischen Funktion – mannigfaltige Wege musikalischer, theologischer, politischer Referenz, Rezeption und Reflexion. Insbesondere die sogenannte Parodiemesse ist dabei von hohem kompositorischen, kontextuellen und kulturellen Verweispotential. Ihre Bedeutung in der Zeit nach 1500 besteht nicht nur darin, dass sie nach ihrer Entstehung und im Lauf ihrer technischen Verstetigung fast allen anderen Messtypen rein quantitativ den Rang abläuft, sondern auch darin, dass sie als künstlerisches Phänomen semantische Komplexe von hoher kultureller Signifikanz generiert, die bislang nur rudimentär – beziehungsweise erst in jüngerer Zeit verstärkt – ergründet worden sind. Einige davon könnten geeig-

---

* Dieser Text basiert auf einem Vortrag, der am 24. September 2022 beim Sektionstreffen Musikwissenschaft auf der Jahrestagung der Görres-Gesellschaft in Aachen gehalten wurde.

[1] L. Finscher, Die „Entstehung des Komponisten". Zum Problem Komponisten-Individualität und Individualstil in der Musik des 14. Jahrhunderts, in: International Review of the Aesthetics and Sociology of Music 6 (1975), S. 29–45.

[2] Dazu M. Calella, Musikalische Autorschaft. Der Komponist zwischen Mittelalter und Neuzeit, Kassel u. a. 2014, sowie K. v. Orden, Music, authorship, and the book in the first century of print, Berkeley 2014.

net sein, in einer Geschichte musikalischer Autorschaft etwas spezifisch Musikalischem nachzuspüren: Im 16. Jahrhundert begannen Komponisten, zunehmend
ihre eigene Musik in ihren Messen zu verarbeiten. Einige grundlegende Gedanken
zu diesem Phänomen des Komponierens über eigene Musik seien im Folgenden
mitgeteilt, doch wird es nötig sein, den Gegenstand zunächst über einen knappen
forschungsgeschichtlichen Überblick zur Parodiemesse anzusteuern. Ergänzend
sei der Blick sehr kursorisch auf andere Künste und darin anzutreffende Phänomene der Selbstthematisierung gelenkt, um der kulturgeschichtlichen Tragweite
musikalischer und allgemein artistischer Selbstverarbeitung Rechnung zu tragen.

Allen begrifflichen Bedenken zum Trotz sei im vorliegenden Aufsatz aus vor
allem pragmatischen Gründen der Terminus ‚Parodiemesse' genutzt, wenn auch,
wie die Ausführung zeigen soll, das Wort aus heutiger Sicht unglücklich gewählt
ist. Dass bisher kein anderer Begriff es vermocht hat, die Bezeichnung zu ersetzen,
hat methodische Gründe, deren – möglichst knappe – Erläuterung Aufgabe der
nächsten Sätze sein soll. Der Autor ist sich der Problematik des Begriffes bewusst,
verzichtet zugunsten der Verständlichkeit aber – fürs erste – auf terminologische
Mischformen oder andere Experimente.

Die Parodiemesse – Forschungsperspektiven

Seitdem sie um 1900 als Gattung, vielmehr Untergattung musikwissenschaftlich
eingeführt wurde – womöglich von Peter Wagner mit Bezug auf August Wilhelm
Ambros[3] –, unterlag die Parodiemesse divergenten konzeptuellen Deutungen, historischen Interpretationen und folglich unsteten Begriffszuschreibungen. Prinzipi-
ell handelt es sich um eine Messkomposition, die auf einer – sei es fremden, sei
es eigenen – mehrstimmigen Vorlage basiert und deren mehrstimmige Disposition auch übernimmt, im Unterschied etwa zur Cantus-firmus-Messe, bei der es
in der Regel der aus der Vorlage extrahierte Tenor ist, der als Grundlage für die
Komposition dient. Kennzeichnend für die Parodiemesse ist also in erster Linie der
polyphone Stimmentransfer[4]. Unerheblich ist indes, ob es sich bei der gewählten
Vorlage um sakrale oder säkulare Musik handelt – gleichwohl galt nominell ein
Verbot für die Wahl weltlicher Vorlagen nach dem Tridentinum, an das sich jedoch
nicht alle gleichermaßen hielten.

Die Verwendung des Wortes „Parodie" ist aus den Quellen selbst nur schwer zu
begründen. Neben Jacob Paix' 1587 im schwäbischen Lauingen erschienenen *Parodia Motettae Domine* sind es musikalisch Sethus Calvisius' 1603 gedruckte *Parode*

---

[3]   P. Wagner, Geschichte der Messe, Leipzig 1913, I. Teil: Bis 1600, S. 69. A. W. Ambros, Geschichte
      der Musik, 3. Aufl. hrsg. v. O. Kade, Bd. 3, Leipzig 1891, S. 45. Siehe dazu M. L. Göllner, Grundlagen
      der Parodie im 16. Jahrhundert und die Anwendung des Terminus auf Bach, in: Messe und Parodie
      bei Johann Sebastian Bach, hrsg. v. P. Tenhaef/W. Werbeck, Frankfurt a.M. 2004 (= Greifswalder
      Beiträge zur Musikwissenschaft 12), S. 9–21.

[4]   Vgl. B. Schulmeyer, Satz- und kompositionstechnische Entwicklung der Parodiemesse bis 1540,
      Paderborn 2017.

ad Josquini und musiktheoretisch der 1611 von Georg Quitschreiber in Jena publizierte, kurze Traktat De Parodia, die Indizien eines um 1600 – keinesfalls aber weit früher – zirkulierenden Parodiebegriffs liefern. Dass es sich dabei um Personen aus dem protestantischen Norden handelt, obwohl das von der Forschung als „Parodiemesse" deklarierte Phänomen freilich mehrheitlich dem katholischen Raum entstammt, bedarf wahrscheinlich noch gesonderter Klärung. Dieser Mangel an handfesten Hinweisen auf weithin verbreitete Parodiekonzepte führte seit den 1960er Jahren zur abwechselnden Infragestellung bestehender und zur Erprobung neuer Deutungsversuche. Formulierte Lewis Lockwood erstmals Zweifel an der konzeptuellen und historischen Tragfähigkeit des Parodiegedankens[5], knüpfte Howard Mayer Brown mit dem Vorschlag an, alternativ die Idee der imitatio als beherrschendes rhetorisches Modell in den Blick zu nehmen[6]. Dem entgegnete Honey Meconi sodann allerdings mit der Frage: „Does imitatio exist?"[7] Meconi stellte heraus, dass – insbesondere in Ermangelung handfester Quellenindizien – auch der Imitatio-Begriff kaum hinreichende Erklärungsansätze zum Verständnis des Phänomens liefere.

Die rhetorische Rahmung der Parodiemesse war damit grundsätzlich in Frage gestellt, die konzeptuellen Deutungsmöglichkeiten schienen vorerst ausgeschöpft. Es folgte eine Sinnsuche mittels alternativer Analyse- und Interpretationsmodelle, darunter die Subsumierung unter das allgemeine Phänomen des borrowing[8], aber auch Begriffe wie allusion[9], derivation[10] und das infolge nachgerade inflationären Gebrauchs kaum mehr greifbare Konzept der Intertextualität[11] standen im Zusammenhang mit der Parodiemesse zur Diskussion, ohne dass es jedoch wirklich zu einer Verständigung auf ein Deutungsmodell und eine zeitgemäße Terminologie gekommen wäre. Diese Situation besteht im Grunde bis heute fort; gleichwohl setzen aktuelle Forschungsbeiträge neue, vielversprechende Impulse, die sich nicht so sehr in terminologisch-konzeptuellen Bestimmungen verlaufen, sondern den Gegenstand aus seinen unmittelbaren – oder auch mittelbaren – Kontexten heraus zu verstehen suchen. Die gattungsgeschichtliche Klassifizierung und Generalisierung

---

[5] L. Lockwood, On „Parody" as Term and Concept in 16th-Century Music, in: Aspects of Medieval and Renaissance Music. A Birthday Offering to Gustave Reese, hrsg. v. J. LaRue, New York 1966, S. 560–575.

[6] H. Mayer Brown, Emulation, Competition, and Homage. Imitation and Theories of Imitation in the Renaissance, in: Journal of the American Musicological Society 35 (1982), S. 1–48.

[7] H. Meconi, Does Imitatio exist?, in: The Journal of Musicology 12 (1994), S. 152–178.

[8] Zum Beispiel in H. Meconi (Hrsg.), Early musical borrowing, New York / London 2004.

[9] J. Hodgson, The Illusion of Allusion, in: Early Musical Borrowing, hrsg. v. H. Meconi, New York / London 2004, S. 51–69.

[10] D. Crook, The Sacred and the Secular in Post-Tridentine Church Music. De Rore, Lasso, and the Magnificat Da le belle contrade, in: Journal of the Alamire Foundation 10 (2018), S. 45–72. Ders., A Twelve-Mode Magnificat Cycle by Christoph Demantius, in: Maria ‚inter' confessions. Das Magnificat in der frühen Neuzeit, hrsg. v. C. Wiesenfeldt und S. Feinen, Turnhout 2017, S. 219–236.

[11] J. Milsom, „Imitatio", „Intertextuality" and Early Music, in: Citation and Authority in Medieval and Renaissance Musical Culture. Learning from the Learned, hrsg. v. S. Clark / E. E. Leach, Woodbridge 2005 (= Studies in Medieval and Renaissance Music 4), S. 141–151.

als ‚Parodiemesse' hatten sich nicht nur wegen der Schwierigkeit der konzeptuellen Anbindung als wenig tragfähig erwiesen, sondern auch deshalb, weil sie den Fokus vor allem auf die musikalisch-kombinatorische Komplexität von Tonbeziehungen legen – und damit einen emphatischen Kunstwerkbegriff insinuieren. Anders jedenfalls lässt sich der Fokus auf den polyphonen Strukturtransfer schwerlich erklären. Während die Forschung – sicher zunächst als pragmatische Einteilung, sodann aber zur ästhetisch aufgeladenen Idee überformt – die Bezeichnung „Parodiemesse" an die Voraussetzung knüpft, dass es sich um den Transfer polyphoner Strukturen handelt und nicht um eine Übertragung einer einzelnen Stimme, gilt das zumindest nicht für den oben erwähnten, immerhin relativ zeitgenössischen Musiktheoretiker Quitschreiber, der in seiner Abhandlung alle denkbaren Techniken direkter und indirekter musikalischer Übertragung von der Kontrafaktur über die Stimmenreduktion bis hin zum polyphonen Übertrag und sogar noch Stilkopien unter dem Begriff der Parodie behandelt [12].

Dem gegenüber stehen seit geraumer Zeit – neben Versuchen neuer formaler Beschreibungsmodelle [13] – verstärkt kulturelle Lesarten im Blickfeld der Forschung, und das mit gutem Grund: Dass es keine Trivialität ist, wenn etwa eine weltliche Vorlage – in aller Regel eine Chanson – zum polyphonen Ausgangspunkt einer hohen, der höchsten liturgischen Musik gemacht wird, stellte schon Siegfried Schmalzriedt fest, als er sich im Rahmen der Untersuchung einer Chansonmesse von Philippe de Monte mit den forschungsgeschichtlichen Perspektiven zur Parodiemesse befasste [14]. Andrew Kirkman brachte es sodann in seiner kulturhistorischen Studie zur Frühgeschichte der polyphonen Messe auf den Punkt: „[T]o build a Mass setting around a borrowed melody is to unlock the potential of that melody for symbolic and emblematic significance." [15]

Vielgestaltig sind denn auch jene symbolischen und emblematischen Bedeutungszusammenhänge, die seither, besonders in den vergangenen fünf Jahren, in Parodiemessen unter weitgehendem Verzicht auf allzu orthodoxe Interpretationsschemata zum Vorschein gekommen sind. Insbesondere die Kombination aus *close reading* individueller textlich-musikalischer Beziehungen einerseits und kulturhistorischer Kontextualisierung andererseits hat sich als fruchtbarer Zugang zu diesem in der Tat komplexen, nicht auf die bloße Aufdeckung von Tonbeziehungen reduziblen Phänomens erwiesen [16]. Auch, und insbesondere dann, wenn man

---

[12] Vgl. K. W. Niemöller, Parodia – imitatio. Zu Georg Quitschreibers Schrift von 1611, in: Studien zur Musikgeschichte. Eine Festschrift für Ludwig Finscher, hrsg. v. A. Laubenthal/L. Finscher/K. Kusan-Windweh, Kassel 1995, S. 174–180.

[13] J. Milsom, The T-Mass: Quis scrutatur?, in: Early Music 46 (2018), S. 319–331.

[14] Vgl. S. Schmalzriedt, Philipp de Montes ‚Madrigalmesse' über Ancor che col partire, in: Die Wiener Hofmusikkapelle II. Krisenzeiten der Hofmusikkapellen, hrsg. v. E. Th. Fritz-Hilscher/H. Krones/Th. Antonicek, Wien u. a. 2006, S. 61–78, hier: S. 64.

[15] A. Kirkman, The Cultural Life of the Early Polyphonic Mass. Medieval Context to Modern Revival, Cambridge 2010, S. 53.

[16] Darunter B. Eichner, The woman at the well: Divine and Earthly Love in Orlando di Lasso's Parody Masses, in: Revue belge de musicology/Belgisch tijdschrift voor muziekwetenschap 72 (2018),

die Messe als primär funktionsgebunden auffasst, erscheint es zum jetzigen Zeitpunkt, an dem sich die Parodiemessenforschung gleichsam neu zu konsolidieren
scheint, weit zielführender, Einzelwerke aus ihrem unmittelbaren Umfeld heraus
zu verstehen, wie die aktuelle Literatur zeigt. Aus der Forschung der vergangenen
Jahre ergibt sich ein vielschichtiges Bild der Parodiemesse, die, kraft des satztechnischen Prinzips, auf dem sie begründet ist, mannigfaltige Verweiszusammenhänge
herstellt. Die wechselseitige Durchdringung säkularer und sakraler Sphären und
Botschaften ist dabei nur eine von zahlreichen Möglichkeiten, wie die Parodiemesse Bedeutung generieren kann; auch die mediale Erscheinungsform und die
Mittel kompilatorischer Präsentation verleihen gerade der Parodiemesse über ihre
konkrete kompositorische Substanz hinausweisende Ausdrucksdimensionen institutioneller, politischer, nicht zuletzt sicher aber auch individueller Art.

Aspekte der Selbstrezeption in Parodiemessen

Dass Künstler – Maler und Literaten im Besonderen – in ihren Werken Bezug
auf sich selbst nehmen, ist im 16. Jahrhundert längst keine Seltenheit mehr. In der
bildenden Kunst geschieht dies etwa in Form des Selbstbildnisses, sei es als Selbst-
porträt wie etwa bei Albrecht Dürer oder als Selbsteinfügung an der Peripherie
eines größeren Ganzen, zum Beispiel in Luca Signorellis *Taten des Herakles* (1503)
oder Michelangelo Buonarrotis Darstellung des Jüngsten Gerichts (1541)[17]. Auch
in der vormodernen Literatur finden sich mannigfaltige Strategien der Selbstreferenz, etwa als Modus des Herrscherlobs im Rahmen der literarischen Interessenbildung[18], aber auch in zahlreichen anderen Fällen weltlicher Dichtung[19].

In der europäischen Musik lassen sich ähnliche – wenn auch mit denen der
anderen Künsten nicht zwangsläufig gleichzusetzende – Modi der Selbstthematisierung feststellen, die im 16. Jahrhundert deutlich an Fahrt aufnehmen. Nutzten
Komponisten in der Regel zunächst entweder Musik anderer Komponisten oder
auch solche ohne auktorialen Bezug wie Kirchenchoräle als Grundlage ihrer Messen, so lässt sich ab 1500, spätestens ab den 1540er Jahren gesteigert, eine Tendenz

---

S. 31–51. D. Crook, The Sacred and the Secular in Post-Tridentine Church Music. De Rore, Lasso,
and the Magnificat Da le belle contrade, in: Journal of the Alamire Foundation 10 (2018), S. 45–72.
J. A. Owens, Lasso's Reading of De Rore's Scarco di doglia, in: Journal of the Alamire Foundation
10 (2018), S. 73–93. A. Ropchok Tierno: Birds, Vegetables, and Sharp Objects. Symbolism and Polyphonic Masses from a Sixteenth-Century Lutheran Castle, in: Journal of the Alamire Foundation
10 (2018), S. 97–129. Tr. G. Ranson: Early Parody Masses, their composers, and the French Connection in Munich, Bayerische Staatsbibliothek, Musica Ms. F, in: Journal of the Alamire Foundation
11 (2019), S. 71–84.

[17] Siehe U. Pfisterer/V. v. Rosen (Hrsg.), Der Künstler als Kunstwerk. Selbstporträts vom Mittelalter
bis zur Gegenwart, Stuttgart 2005, S. 42, 44 und 52.

[18] Chr. Huber, Herrscherlob und literarische Autoreferenz, in: Literarische Interessenbildung im Mittelalter. DFG-Symposion 1991, Stuttgart 1993, hrsg. v. J. Heinzle, S. 452–473.

[19] Siehe dazu D. Klein (Hrsg.), Formen der Selbstthematisierung in der vormodernen Lyrik, Hildesheim 2020 (= Spolia Berolinensia. Beiträge zur Literatur- und Kulturgeschichte des Mittelalters und
der Neuzeit 39).

zur musikalischen Selbstzitation und mithin Eigenparodie beobachten. Zwar sind
es bereits vereinzelt seit dem 15. Jahrhundert, besonders jedoch nach 1500 zahlreiche Komponisten, die wenigstens einmal, oftmals jedoch auch mehrfach von
eigenem Material zur Komposition einer Messe Gebrauch machen. Im mittleren
16. Jahrhundert indes lässt sich diesbezüglich ein deutlicher Anstieg verzeichnen.
Grundlage für diese Beobachtung ist eine Erhebung, die mithilfe der MassDataBase
erarbeitet wurde[20]. Erfasst sind dabei all diejenigen Messen, für die Komponisten
auf ihre eigenen Vorlagen zurückgegriffen haben. Ob es sich dabei im Einzelfall
um Parodiemessen im heutigen Sinn des Wortes handelt, also um die mehrstimmige Übernahme einer mehrstimmigen Vorlage, oder ob es sich um einstimmige
Übertragungen handelt, bedarf noch gesonderter Prüfung. Inwiefern es sich außerdem um einen in Bezug auf das gesamte europäische (Parodie-)Messenrepertoire
signifikanten Anteil handelt, steht ebenfalls noch zur Disposition. Doch innerhalb
des abgesteckten Rahmens selbst ist eine deutliche Tendenz des quantitativen An-
stiegs von Eigenparodiemessen zu verzeichnen. Insbesondere die Parodiemessen
Giovanni Pierluigi da Palestrinas, Orlando di Lassos und Tomás Luis de Victorias
weisen einen verhältnismäßig hohen Anteil an Eigenparodien auf, bei Victoria
macht dieser sogar über die Hälfte des gesamten – allerdings im Vergleich mit
den beiden anderen auch deutlich weniger umfangreichen – Messschaffens aus.
Dies mag auf den ersten Blick kaum wundernehmen, kann doch das Selbstzitat
einerseits als probater arbeitsökonomischer Schritt fungieren und ist es andererseits etwa bei Johann Sebastian Bach, zu dessen Parodietechniken zahlreiche
Studien vorliegen[21], keineswegs eine Ausnahme[22]. In der Geschichte der Messe
ist der musikalische Selbstbezug nicht selbstverständlich, taucht aber auch schon
im 15. Jahrhundert im Umfeld der zyklischen Konsolidierung der Messe hin und
wieder auf. Handelt es sich dabei um pragmatische oder programmatisch aufgela-
dene Phänomene? Mindestens für die wenigen Fälle im 15. Jahrhundert bietet sich
zunächst eine pragmatische Deutung an. So hat etwa Murray Steib am Beispiel von
Johannes Ockeghems Messen *Fors seulement, Ma maistresse, De plus en plus* und *Au
travail suis* herausarbeiten können, dass dieser die musikalische Substanz eigener
Vorlagen nicht antastet bei der Übertragung in eine Messkomposition, die Faktur
von Vorlagen mit externer Autorschaft hingegen durchaus modifiziert:

---

[20] MassDataBase, http://www.mdb.uni-mainz.de/Default.aspx (13.01.2023).
[21] A. Schering, Über Bachs Parodieverfahren, in: Bach-Jahrbuch 18 (1921), S. 49–95. Siehe zudem
      P. Tanhaef/W. Werbeck (Hrsg.), Messe und Parodie bei Johann Sebastian Bach, Frankfurt am
      Main 2004 (= Greifswalder Beiträge zur Musikwissenschaft 12).
[22] Siehe R. C. Davis, Self Parody Among The Cantatas of Johann Sebastian Bach, PhD. diss., Boston
      University Graduate School 1962.

„Ockeghem seems to have had one approach to borrowing when he was using someone else's material but a rather different approach when he was using his own: when borrowing from others he had to interpret the material to suit his needs, but when borrowing from himself he didn't."[23]

Danach liegt die Vermutung nahe, dass beim Rückgriff auf eigenes Material der Schritt der satztechnischen Umdeutung entfällt und die Arbeit somit idealiter flüssiger von der Hand geht – gerade im Fall funktionsgebundener Musik, wie es die Messe eben ist und was hier bei allem Interesse für kompositorische Identitätsbildung auch nicht aus dem Blick geraten soll, ist der Faktor Effizienz gewiss kein nachgeordneter. Neben Ockeghem scheinen es im gesamten 15. Jahrhundert indes nur wenige weitere Komponisten zu sein, in deren Messen sich konkrete kompositorische Selbstbezüge nachweisen lassen, darunter Guillaume Dufay, dessen *Missa Se la face ay pale* sowie *Résveillés vous* auf den jeweils gleichnamigen Chansons basieren, freilich aber nur deren Tenor verwenden und somit nicht als Parodiemessen im strengen Sinne gelten. Die Frage, ob diese Fälle angesichts ihrer insgesamt geringen Anzahl umso auf- oder im Gegenteil für die Erforschung programmatischer kompositorischer Selbstthematisierung umso hinfälliger sind, kann zu diesem Zeitpunkt nicht hinreichend beantwortet werden. Gleichwohl ist der Fokus auf die Messe einer, der sich mehr aus der Perspektive auf das 16. Jahrhundert ergibt; für die Musik des 15. Jahrhunderts müssen gewiss andere Maßstäbe angelegt, müssen gewiss andere Gattungen und Kompositionsusancen berücksichtigt werden[24].

Mit der technischen Verstetigung der Parodiemesse im frühen 16. Jahrhundert verändert sich die Lage jedoch wesentlich. Spätestens ab den 1510er Jahren greifen Komponisten immer häufiger auf von ihnen selbst gefertigte Vorlagen zurück; ab den 1540er Jahren wächst die Anzahl an Messkompositionen, auf die das zutrifft, noch weiter an, läuft aber insbesondere bei den drei erwähnten Zeitgenossen Palestrina, Lasso und Victoria zusammen. Die naheliegende Frage, ob sich ein solcher Trend auch bei anderen Gattungen wie dem (Parodie-)Magnificat abzeichnet, harrt noch ihrer Bearbeitung, könnte aber für ein breiteres kontextuelles Verständnis nicht unerheblich sein. Naheliegend ist zunächst, dass der Anstieg selbstbezüglicher Parodiemessen mit der Geschichte der Parodiemesse allgemein zusammenhängt. Diese entwickelt sich in der Zeit um 1500 – womöglich in besonderer institutioneller Weise am burgundischen Hof[25] – und verstetigt sich als kompositorisches Konzept in der ersten Hälfte des 16. Jahrhunderts. Womöglich korreliert der Anstieg

---

23 Vgl. M. Steib, Ockeghem and intertextuality. A composer interprets himself, in: Early musical borrowing, hrsg. v. H. Meconi, New York/London 2004, S. 29–50, hier: S. 43.

24 Zwar nicht mit den Messen, immerhin aber mit Aspekten der Selbstzitation bei Dufay hat sich befasst S. Gallagher, Du Fay and Self-Borrowing, in: Music and Culture in the Age of the Council of Basel, hrsg. v. M. Nanni, Turnhout 2013, S. 191–196. Dass es auch schon im 14. Jahrhundert nachgewiesene Fälle kompositorischer Selbstreferenz gab, zeigt A. V. Clark, Machaut reading Machaut: Self-borrowing and reinterpretation in motets 8 and 21, in: Citation and authority in Medieval and Renaissance Musical Culture. Learning from the Learned. In honour of Margaret Bent on her 65th birhtday, hrsg. v. S. Clark/E. E. Leach, Woodbridge 2005, S. 94–101.

25 Siehe dazu Ranson.

selbstbezüglicher Parodiemessen mit dem Anstieg von Parodiemessen insgesamt. Selbst wenn dem so wäre und dem Ganzen damit scheinbar die quantitative Signifikanz genommen wäre, würde dies zu der Idee, die Parodie- bzw. Eigenparodiemesse als qualitatives Phänomen mit hohem kulturellen Verweispotential zu verstehen, nicht im Widerspruch stehen. Der verhältnismäßig hohe Anteil selbstbezüglicher Messen bei Palestrina, Lasso und Victoria erscheint so oder so der Untersuchung wert [26].

Ein besonders eindrückliches Beispiel für das produktive Zusammenspiel sowohl konkret künstlerischer als auch medialer Selbstreferenz stellt Victorias 1592 in Rom publizierte Sammlung *Missae Liber* […] *secundus* dar. Von den sieben in diesem Druck enthaltenen Messen sind sechs Parodien über Victorias eigene Vorlagen. Einzig bei der *Missa pro defunctis* handelt es sich nicht um eine Eigenparodie, immerhin aber um einen Nachdruck der Erstpublikation von 1583. Wie Eugene Casjen Cramer in seiner 2001 erschienenen Victoria-Studie herausgearbeitet hat, stecken einige dieser Messen voller werkübergreifender Querverweise [27]. Cramer demonstriert dies anhand dreier Werke, der Missae *Salve regina, Vidi speciosam* und *O Magnum mysterium*. Diese basieren nicht nur auf den jeweiligen Vorlagen, auf die sie dem Usus entsprechend bereits im Titel verweisen, sondern integrieren auch stellenweise Elemente anderer Kompositionen aus Victorias Œuvre – mitunter gar die gleichen. Bezieht die *Missa Salve regina* ihr Material primär aus der gleichnamigen Antiphon – dabei allerdings aus unterschiedlichen Fassungen [28] –, so liegt ihr auch Material aus Victorias Motette *O vos omnes* zugrunde. Letztere findet sich sogleich wieder in der im gleichen Druck enthaltenen *Missa O magnum mysterium*, während die *Missa Vidi speciosam* wiederum Bezug nimmt auf die *Salve regina*-Antiphon. Eine solche Verquickung unterschiedlicher Kompositionen und sogar, wie im Fall der *Salve regina*-Antiphon, verschiedener Instanzen ein und derselben Musik, erweckt den Eindruck planvollen, auf einen größeren Zusammenhang des eigenen Schaffens ausgerichteten Handelns. Cramer entgeht freilich nicht, dass es sich bei dem Großteil der im Druck enthaltenen Messen um Eigenparodien handelt, verbucht diesen Umstand allerdings als zeittypischen Normalfall und hält fest, dass „by the late sixteenth century […] composers tended to borrow more from their own works than from the works of others" [29]. Insofern sind Victorias Messen Zeichen einer allgemeinen Tendenz; die spezifische Konstellation, in der sie hier erscheinen, entfaltet womöglich ein autoreferenzielles, kompositorisches

---

[26] Mit einem Vergleich von Eigen- und Fremdparodien in den Messen Lassos hat sich auseinandergesetzt S. D. Nehrenberg, Orlando di Lasso's Missae ad imitationem. An Examination and Comparison oft the Treatment of Borrowings from Self-composed Versus External Models, PhD. diss., University of Oregon 1996.

[27] E. C. Cramer, Studies in the music of Tomás Luis de Victoria, Aldershot 2001, S. 22–60.

[28] Vgl. ebd., S. 25.

[29] Ebd., S. 23.

und mediales Programm, das einerseits sicher nicht nur sein Schaffen auszeichnet, andererseits auch in seinem Werk nicht singulär ist[30].

Victorias Messendruck von 1592 könnte ein eindeutiger Fall musikalischer Selbstrezeption in einem mindestens ebenso programmatischen wie pragmatischen Sinne sein. Der Eindruck einer künstlerischen Selbstthematisierung kommt nicht nur durch den Befund kompositorischer Querverweise zwischen unterschiedlichen Werken zustande, sondern auch durch den womöglich nicht unerheblichen Sachverhalt, dass Victoria – mit Ausnahme des Requiems – ausschließlich Eigenparodiemessen aufnimmt. Dass er diesen überdies in Rom herausgeben lässt und namentlich unterzeichnet, obwohl er zum Zeitpunkt der Herstellung bereits wieder in Spanien lebt und arbeitet, könnte ebenfalls ein Indiz dafür sein, dass Victoria, dessen Werke ja auch in von ihm in der Produktion nicht so streng überwachten Drucken kursierten, der Sache eine gewisse Wichtigkeit beigemessen hat[31]. Ob sich Werk- und Rezeptionskomplexe dieser Art auch bei den Zeitgenossen Palestrina und Lasso finden lassen und inwieweit diese Rückschlüsse auf eine mögliche gesteigerte künstlerische Autoreflexion zulassen, werden künftige Untersuchungen zeigen müssen.

Über diese Form personaler Selbstbezüglichkeit hinaus sei noch die Möglichkeit angesprochen, den Begriff der Selbstbezüglichkeit auszuweiten und auch Institutionen, nicht nur Individuen unter ihm zu fassen. Diese Idee verfolgt Jane D. Hatter in ihrer 2019 erschienenen Monographie zur kompositorisch-pädagogischen Gemeinschaftsbildung in musikalischen Institutionen des späten Mittelalters, in der sie Blickwinkel auf Ansätze vormoderner „corporate identities" als Movens kompositorischer Selbstreferenz eröffnet[32]. In einem gewissen Sinne geben denn auch die von Trudie G. Ranson in einem Alamire-Codex untersuchten personalen Verbindungen Anlass zu einer solchen Überlegung. Das in der Handschrift enthaltene Repertoire stammt von Komponisten aus dem Umkreis des burgundischen Hofes. Es handelt sich zudem mehrheitlich um Parodiemessen über Vorlagen, deren Komponisten ebenfalls aus dem burgundischen und französischen Einflusskreis stammen, wodurch ein deutlicher territorialer Verweiszusammenhang entsteht. Darüber hinaus arbeitet Ranson heraus, dass die Messen sich in ihrer Machart durchaus hinsichtlich der darin zu Verwendung kommenden Parodietechniken unterscheiden. Aus der Gesamtanlage ergibt sich sodann für sie:

---

[30] Mit autorschaftlichen Aspekten eines anderen Drucks von Victoria hat sich befasst: E. Rodríguez-García, Authors, Books, and Readers. Tomás Luis de Victoria's *Missae, magnificat, motecta, psalmi et alia* (1600), in: Sources of Identity. Makers, Owners, and Users of Music Sources before 1600, hrsg. v. L. Colton / T. Shephard, Turnhout 2017, S. 299–317.

[31] Vgl. S. Klauk / R. Kleinertz / S. Zauner, Zur Edition der Werke von Tomás Luis de Victoria. Geschichte und Perspektiven, in: Ei, dem altern Herrn zoll' ich Achtung gern, Festschrift für Joachim Veit zum 60. Geburtstag, hrsg. v. K. Richts, München 2016, S. 483–507, hier: S. 485.

[32] J. D. Hatter, Composing Community in Late Medieval Music. Self-Reference, Pedagogy, and Practice, Cambridge 2019. Für den wertvollen Hinweis auf diesen Band ergeht ein herzlicher Dank an Roman Lüttin.

„This connection and the variety of compositional parody treatments of the mass models in this manuscript [...] demonstrates yet another way in which the Alamire scriptorium preserved and propagated a good portion of the sacred French court repertory of the late fifteenth and early sixteenth centuries."[33]

Selbstreferenz muss demnach nicht lediglich auf das Individuum allein abheben, muss nicht einmal den emphatischen Ich-Bezug enthalten, den man durch die Brille eines vielfach noch immer durchs 19. Jahrhundert geprägten Faches zu sehen geneigt ist; sie kann auch korporaler und damit politischer oder ökonomischer Natur sein. In jüngerer Zeit rückte daher nicht ohne Grund die Musikalie in ihren diversen medialen Erscheinungsformen in den Fokus der Erforschung von Identitätsbildungsprozessen, wie etwa auch der 2017 von Lisa Colton und Tim Shephard herausgegebene Band *Sources of Identity* zeigt[34]. Eine Handschrift wie das von Ranson diskutierte Alamire-Manuskript wäre sodann eine „source of identity" nicht so sehr in Bezug auf die Identität der Rezipienten und Nutzer, sondern durch die starken internen personalen Verweise vor allem der Produzenten bzw. des erweiterten Produzentenkreises und insoweit eine Form von institutioneller Selbstrezeption, die letztlich auch Spuren von Selbstproduktion trägt.

Conclusio

Dies sind zunächst einmal nur anfängliche Überlegungen zu einem Phänomen, das sich im besten Fall als programmatische künstlerische Selbstproduktion im späten 16. Jahrhundert herausstellen kann. Bei aller Spekulation, die der Sache zum jetzigen Stand noch eignet, stünde doch die Musik nicht allein da im Verbund der Künste mit diesem Reflex auf das artistische Ich. Nicht zufällig, so scheint es, verstetigt sich auch und gerade in anderen Künsten in der Zeit nach 1500 – vereinzelt auch schon weit davor – der künstlerische Selbstbezug. Weitet man dergestalt den Blick, so erweist sich die musikalische Selbstthematisierung in der frühen Neuzeit, insbesondere im 16. Jahrhundert, als kein isoliertes Phänomen – der Befund zeugt von allgemein geschärftem Individualitätsbewusstsein. Dass all diese Modi der Selbstreferenz jeweils den Produktions- und Rezeptionsgesetzen der jeweiligen Kunstsphären gehorchen und nicht zwingend miteinander kommensurabel oder analog beschaffen sein müssen, ergibt sich von selbst aus der Verschiedenheit der Künste. In ihrer Gesamtheit verweisen sie jedoch auf ein gemeinsames Moment vormoderner Identitätsstiftung – vor diesem Hintergrund erscheint Selbstthematisierung in der Musik historisch nicht nur nicht abwegig, sondern sogar naheliegend, sei sie nun konkret kompositorisch, (inter-)textuell, kompilatorisch oder anderweitig medial evoziert. Gleichwohl muss solchermaßen kontextuell geschärfter Blick nicht notwendig einen vorschnellen Übertrag von Methoden anderer

---

[33] Ranson, S. 84.

[34] L. Colton / T. Shephard (Hrsg.), Sources of Identity. Makers, Owners, and Users of Music Sources before 1600, Turnhout 2017.

Disziplinen auf das Feld der Musik erforderlich machen, sondern kann auch der Neubestimmung analytischer und musikhistorischer Instrumentarien selbst dienlich sein.

Eingedenk der zahlreichen kompositorischen und semantischen Potentiale von Parodiemessen, die nicht nur in der musikalischen Substanz bestehen, sondern auch durch die Gesamtanlage bedingt sind, ist ein konzentrierter gattungstheoretischer Zugriff nur von bedingter Reichweite. Es gilt somit, den Fokus zunächst auf individuelle Fälle zu verlagern, um nicht einem Deutungsanspruch zu verfallen, der Gefahr läuft, sich erneut in historische Ungenauigkeiten zu verstricken. Weit davon entfernt, einen emphatischen Kunstwerkcharakter attestieren zu wollen, geht doch die Beleuchtung individueller musikalisch-medialer Konstellationen mit Aspekten kompositorischer Autorschaft einher, die diesen womöglich zugrunde liegen, vielleicht aber – das herauszufinden wäre nicht zuletzt Sache der Rezeptionsgeschichte – auch erst aus diesen resultieren. In jedem Falle aber müsste, nimmt man das Phänomen des Komponierens über eigene Musik ernst, gelingen, nicht nur die Parodiemesse in ihrer kulturhistorischen Komplexität fassbar zu machen, sondern sie auch als einen Baustein einer Geschichte musikalischer Autorschaft im 16. Jahrhundert zu verstehen.

Katholische Kirchenmusik als religiöse Differenzerfahrung?
Das erste Salzburger Kirchengesangbuch im Spiegel der katholischen Spätaufklärung*

Irene Holzer

Ein aufgeklärter Hirtenbrief

Als im Herbst 1782 nach Salzburger Geschichtstradition [1] das 1200-Jahr-Jubiläum der Gründung des Erzbistums gefeiert wurde, nahm Fürsterzbischof Hieronymus Graf Colloredo dies zum Anlass, in einem umfassenden Hirtenbrief seine Vorstellungen einer aufgeklärten Seelsorge erneut darzulegen [2]. Ganz der Art eines aufgeklärten Kirchenfürsten entsprechend, beklagt er darin die mit barocken Traditionen überladenen Kirchen und Volksbräuche und befiehlt allen Kirchen und Klöstern seines Bistums, das „unnöthige Zierwerk" zu entfernen:

„Von diesen Grundsätzen belebt haben wir bereits in unserer Metropolitankirche dahier mit allgemeinem Beyfalle der Vernünftigen alles wegräumen lassen, was den guten Geschmack beleidiget, und womit die Altäre und Wände mehr überladen als gezieret waren. Wir wollen ferner und befehlen, daß hierinnfalls unsere Metropolitankirche in allen anderen Kirchen in der Stadt sowohl als auf dem Lande ohne mindeste Ausnahm, sie mögen sich unter weltlich- oder regulargeistlicher Aufsicht befinden, zum Beyspiel genommen und nachgeahmet, all unnöthiges Zierwerk weggenommen und auf die Seite geschafft; daß in den Kirchen Reinlichkeit und Ordnung mit größter Aufmerksamkeit gehandhabt; hingegen, damit alles, was die Stille der Seele stören, die Gedanken zerstreuen, und die hochachtungsvolle Aufmerksamkeit auf göttliche Wahrheiten schwächen kann, so viel möglich entfernet werde [...]." [3]

---

* Der vorliegende Beitrag ist die überarbeitete Fassung eines Vortrages, der am 24. September 2022 bei der Generalversammlung der Görres-Gesellschaft in Aachen im Rahmen der Sektion Musikwissenschaft gehalten wurde.

[1] Die Salzburger Geschichtsschreibung hielt ausgesprochen lange an einer fehlerhaften Berechnung der geschichtlichen Ereignisse fest, nach der das Erzbistum Salzburg im Jahr 582 gegründet worden sei. Obwohl dieser Fehler 1782 bereits seit über 100 Jahren international bekannt war, wurde dieser Umstand im Fürsterzbistum selbst weitgehend ignoriert. (Vgl. P. F. Fraundorfer, Das literarische Nachleben des heiligen Rupert. Die hoch- und spätmittelalterlichen Vitae Ruperti, Masterarbeit Universität Wien 2020.)

[2] Fürsterzbischof Hieronymus Graf Colloredo wurde am 14. März 1772 nach Salzburg berufen. Um seine Reformen darzulegen verfasste er zwischen 1775 und 1782 insgesamt fünf Hirtenbriefe. (Vgl. U. Kammerhofer-Aggermann, „Volksfrömmigkeit" als Ausdruck des Zeitgeistes. Kirchliche Reformen im Geiste des aufgeklärten Absolutismus in Salzburg als Quellen und Indikatoren der populären Glaubenspraxis, in: Kirche, religiöse Bewegungen, Volksfrömmigkeit im Mittleren Alpenraum. Historikertagung in Sigmaringen 11.–13. Mai 2000, hrsg. v. R. Loose, Stuttgart 2004 (= Schriftenreihe der Arbeitsgemeinschaft), S. 131–169; E. Lobenwein, Ein Fürstenleben zwischen Alltag und Aufruhr. Die französische Korrespondenz (1772–1801) des letzten Salzburger Fürsterzbischofs Hieronymus Colloredo mit seinem Bruder Gundaker, Wien / Köln 2022.

[3] Sr. Hochfürstl. Gnaden des Hochwürdigsten Herrn Herrn Hieronymus Joseph Erzbischofs und des H. Röm. Reichs Fürsten zu Salzburg des heil. Stuhls zu Rom gebohrnen Legaten, und Deutschlands Primaten &c. &c. Hirtenbrief auf die am 1ten Herbstm. dieses 1782ten Jahrs, nach zurückgelegtem zwölften Jahrhundert, eintretende Jubelfeyer Salzburgs, Wien [1782], S. 43.

Im Zuge dieses Hirtenbriefes empfiehlt der Fürsterzbischof zudem seinen Priestern und Klerikern zwei Wege, wie das „bloße[s] Gaukel und Spielwerk, und Unterhaltung für die gaffende Gedankenlosigkeit [...] zu einem edleren Ziel umgeleitet werden"[4] könne: zum einen mit der Bibellesung und zum anderen durch das Singen „guter Kirchenlieder in der Muttersprache"[5]. Der schon bei seiner Wahl zehn Jahre davor als Anhänger der Aufklärung in Salzburg gefürchtete Kirchenfürst[6] neigte dabei in seinen Schriften keineswegs zu sentimentaler Stilisierung, sondern setzte seine Ideale mit strengen und konkreten Verordnungen durch:

„[So] sehen wir uns veranlaßt, vorzüglich jene Liedersammlung hiermit allgemein bekannt zu machen, die wir unter dem Titel: Der heilige Gesang zum Gottesdienste in der römisch-katholischen Kirche bereits unterm 16ten August 1776. durch unser Consistorium haben gutheissen lassen. Die Versuche, die in dieser Zwischenzeit in hiesiger Stadt damit gemacht worden sind, sind zu unserer besonderen Zufriedenheit so ausgefallen, daß uns nun nichts mehr abhalten kann, dieselbe in unserem ganzen Erzstift Salzburg einzuführen.
Wir verordnen demnach und befehlen hiermit gemessenst, daß mit Anfange künftigen 1783 Jahres in allen Kirchen unsers Fürstlichen Erzstiftes, wo kein ordentlicher Chor gehalten wird (also nur mit Ausnahme der Stifts- und Klosterkirchen) bey allen Lob- und Seelämtern, gesungenen Messen, bey Litaneyen, vor und nach der Predigt, bey Processionen, vor und nach den Christenlehren, vor und nach der Schul und bey jeder anderer schicklichen Gelegenheit diese Liedersammlung fleißig und nirgends eine andere Musik, oder Gesang mehr gebraucht werden soll [...]."[7]

Mit Umsicht und absoluter Autorität gleichermaßen hatte Colloredo in Bezug auf die Erneuerung der Kirchenmusik zunächst das durch zahlreiche Diözesen bereits approbierte, jedoch privat erstellte *Landshuter Gesangbuch*[8] des Dichters Franz Seraph Kohlbrenner sowie des Komponisten Norbert Hauner in der Stadt erprobt und erst danach für die gesamte Kirchenprovinz angeordnet (siehe Abb. 1)[9]. In allen Reformen stellte er die Metropolitankirche als gutes und erstes Beispiel voran, deren Regelwerk schließlich alle Kirchen befolgen sollten. Allein die durchaus didaktisch wohlwollende Herangehensweise brachte keinen Erfolg: Ein großer Teil des Salzburger Kirchenvolkes weigerte sich, die neuen Lieder im Gottesdienst gemeinschaftlich zu singen. Da den Anordnungen des Fürsterzbischofs offenbar nicht Folge geleistet wurde, ermahnte das Salzburger Konsistorium am 23. August 1785 nochmals in einem Generale die Pfarren, die Vorgaben des Hirtenbriefes von 1782

---

[4] Ebd., S. 44.

[5] Ebd., S. 57. (Vgl. A. Zerfaß, Erbaulich und zur Erweckung religiöser Gefühle beförderlich. Erzbischof Colloredo und der volkssprachige Kirchengesang in Salzburg, in: Heiliger Dienst 71 [2017], S. 297–312.)

[6] Vgl. Fr. Martin, Die Salzburger Chronik des Felix Adauctus Haslberger, in: Mitteilungen der Gesellschaft für Salzburger Landeskunde 68 (1928), S. 51.

[7] Hirtenbrief, S. 58–59.

[8] Der heilige Gesang zum Gottesdienste in der römisch-katholischen Kirche. Erster Theil, Landshut / München 1777.

[9] Vgl. G. Walterskirchen, Christus habe uns bethen, nicht singen geheissen, in: Wege zu „Stille Nacht". Zur Vor- und Nachgeschichte einer „einfachen Composition", hrsg. v. Th. Hochradner / I. Deleyto Rosner / Chr. M. Kellner, Wien 2020 (= Veröffentlichungen des Arbeitsschwerpunktes Salzburger Musikgeschichte 8), S. 108–119.

zu befolgen[10]. Dieses weitere Dekret führte schließlich zu zahlreichen Reaktion aus den Landpfarren, die uns einigen Aufschluss über die Probleme und Widerstände seitens der Bevölkerung gegen den neuen Kirchengesang geben: Nur fünf Prozent der Gemeinden meldeten zurück, dass die neuen Lieder tatsächlich gesungen wurden; in etwa 20 Prozent der Pfarren war der Widerstand hingegen so groß, dass die deutschen Gesänge nicht übernommen werden konnten. Ganze 75 Prozent bemerkten zudem, „daß vielleicht einige Kirchensinger oder Mesner und Organist[en], bzw. der Lehrer mit einigen Kindern die vorgeschriebenen Lieder während des Gottesdienstes vorsängen, von einem allgemeinen Singen des Volkes dabei aber nirgends die Rede sein [könne].“[11] Als Ursache dafür wurde in den Rückmeldungen neben schlechtem Gehör und fehlenden Lesekenntnissen aufgrund mangelhaften Unterrichts vor allem die generelle Abneigung der Menschen gegenüber den neuen Gesängen angeführt[12].

Diese lange bekannten Quellen wurden sowohl in der Vergangenheit wie auch in der heutigen Forschung vorwiegend durch das eingeführte Gesangsrepertoire selbst erschlossen: Die Lieder von Norbert Hauer wären zu hoch, zu maniert, zu kompliziert und konnten deshalb von der Bevölkerung gar nicht ausgeführt werden[13]. Abhilfe schaffen sollte deshalb eine durch den Salzburger Domkapellmeister, Michael Haydn, verbesserte neue Ausgabe des Gesangbuches, das 1790 unter demselben Titel wie die Landshuter Ausgabe erschien: *Der heilige Gesang zum Gottesdienste in der römisch-katholischen Kirche* (siehe Abb. 2).

Sehr hilfreich konnte diese neu bearbeitete Auflage des Gesangbuches jedoch nicht gewesen sein: Zwar wurden die einzelnen Lieder – wie der unmittelbare Vergleich in den Abbildungen 1 und 2 zeigt – etwas tiefer transponiert sowie manche Vorschläge und Verzierungen weggelassen, in ihrer grundsätzlichen Komposition und Melodieführung blieben sie jedoch unverändert. Und tatsächlich konnten auch die überarbeiteten Lieder die Menschen in den Salzburger Landpfarren nicht von einem gemeinsamen Kirchengesang überzeugen[14]. So schilderte etwa noch 1814 ein Bericht aus Hintertal explizit den Misserfolg der Erzbischöflichen Anordnungen:

„Wenn das Absingen der deutschen Messe aus dem Diözsangesangbuche, oder eines Weihnachts und Osterliedes etc etc von dem Schullehrer, und etwa einem oder zween Schul-Mädchen, Einführung des Kirchen Gesang heißt, so kann diese Frage mit Ja beantwortet werden. Versteht man aber, was in dem im Auslande so bewunderten und als Muster aufgestellten Hirtenbrief, pag. 60 XXIV, enthalten ist, so muß ich bekennen, daß dieser Hirtenbrief seit dem Jahr 1782 schon wieder ganz vergessen, oder nie beachtet wurde.
Denn so wenig traf der Unterzeichnete eine Spur von jenen schönen Aufmunterungen an, daß nicht einmal vor den Seegen das sogenannte Heilig angestimmt wurde. Dieses wird doch wenigs-

---

[10] Vgl. J. Manal, Die Einführung des Salzburger Diözesangesangbuches unter Fürsterzbischof Hieronymus von Colloredo, Diplomarbeit (masch.) Universität Salzburg 1979, S. 22.

[11] Zit. nach ebd., S. 23.

[12] Vgl. Manal, Die Einführung des Salzburger Diözesangesang, S. 23.; G. Walterskirchen, Christus habe uns bethen, nicht singen geheissen, S. 116.

[13] Vgl. ebd.

[14] Vgl. Walterskirchen, Christus habe uns bethen, nicht singen geheissen, S. 118.

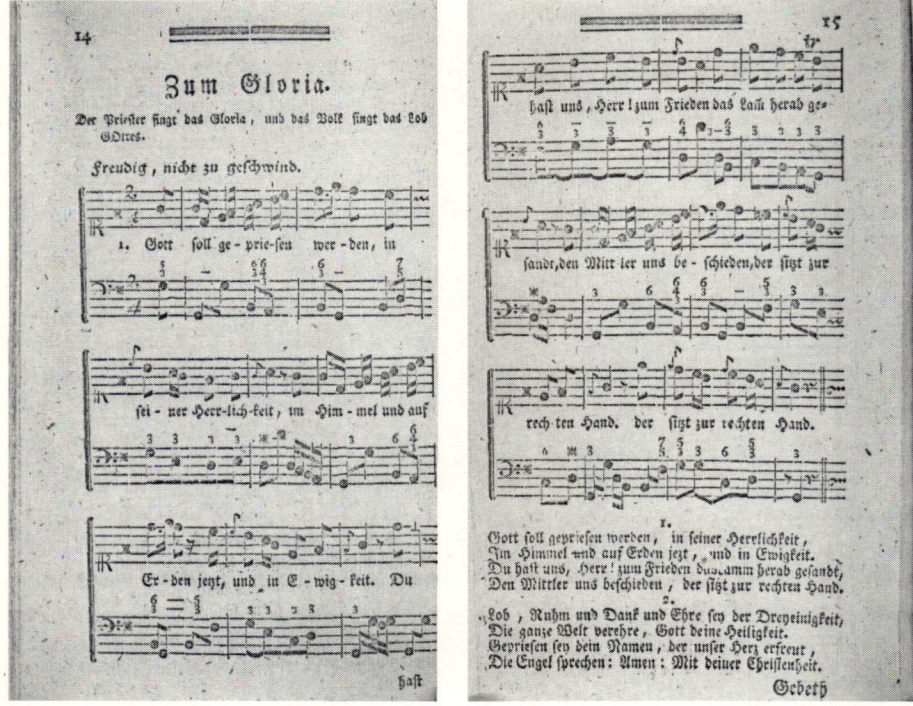

Abbildung 1: Beginn des Gloria der Messenreihe *Hier liegt vor Deiner Majestät*, in: Der heilige Gesang zum Gottesdienste in der römisch-katholischen Kirche. Erster Theil, Landshut und München 1777, S. 14–15.

tens jetzt nach dem Rathe des Hirtenbriefes pag. 81 XXXIX mit den Schulkindern ausgeführt. [...] so hoffe ich, durch die Unterstützung meines für die gute Sache empfänglichen Schullehreres wenigstens mit der Jungend weiter zu kommen.“[15]

Wenn jedoch nicht die Kompositionen und die schwierige Melodieführung das Problem waren, woher kam dann die große Ablehnung gegen die Reform des aufgeklärten Kirchenfürsten? Im Folgenden möchte ich eine neue Lesung der bekannten Quellen vorschlagen.

   Zahlreiche Berichte bezeugen, dass die Einführung eines neuen und damit sowohl textlich wie klanglich völlig unbekannten Liedrepertoires für den Gottesdient im Erzbistum Salzburg eine Alteritätserfahrung auslöste, welche die gesamte Bevölkerung betraf. Die Menschen sollten ganz im Sinne der Aufklärung nun an den heiligen Geheimnissen der Liturgie beteiligt und durch die Gesänge zur Andacht insbesondere aber zur wahren Gottesverehrung erzogen werden[16]. Dieser

---

[15] Zit. nach Manal, Die Einführung des Salzburger Diözesangesangbuches, S. 44. Obwohl der angeführte Bericht zeigt, dass die aufgeklärte Reform nicht durchgesetzt werden konnte, so ist doch erstaunlich, dass noch 1814, nach der Auflösung des Fürsterzbistums Salzburg, noch auf den berühmten Hirtenbrief Colloredos verwiesen und dessen Durchsetzung zumindest versucht wird.

[16] Vgl. Hirtenbrief, S. 43.

Abbildung 2: Beginn des Gloria der Messenreihe *Hier liegt vor Deiner Majestät* bearbeitet durch Michael Haydn, in: Der heilige Gesang zum Gottesdienste in der römisch-katholischen Kirche. Erster Theil, Salzburg 1790, S. 9–11.

neuartige performative Ansatz stand damit völlig im Widerspruch zur vorherrschenden Frömmigkeitspraxis, fanden die Menschen doch ihr Heil vorwiegend außerhalb der Messliturgie in Wallfahrten, im Rosenkranzgebet und den damit verbundenen Ablässen. Die in der Enzyklika *Annus qui* aus dem Jahr 1749 zudem wieder bestätigte, ausschließlich schmückende Funktion der Kirchenmusik[17] war darüber hinaus nur einem kleinen, musikalischen Teil der Bevölkerung vorbehalten: den sogenannten Kirchensingern sowie den Lehrern und Organisten.

Fragt man schließlich nach Argumenten für eine erlebte religiöse Differenzerfahrung innerhalb dieser Quellenschicht, wird es methodisch durchaus diffizil, denn die Probleme beginnen bereits auf pragmatischer Ebene: Die gemeine Bevölkerung des Erzstiftes konnte zum Zeitpunkt des Amtsantritts von Fürsterzbischof Colloredo durchwegs weder lesen, noch schreiben, schon gar keine Musiknoten; die allgemeine Schulpflicht wurde erst nach dem Beitritt Salzburgs zu Österreich im Jahre 1818 eingeführt. Ein Dokument aus dem Jahr 1785 zeigt, dass

---

[17]　Vgl. K. G. Fellerer, Die Enzyklika „Annus qui" des Papstes Benedikt XIV., in: Geschichte der katholischen Kirchenmusik, hrsg. v. K. G. Fellerer, Bd. II: Vom Tridentinum bis zur Gegenwart, Kassel 1976, S. 149–152.

zur Zeit der Reformen Colloredos außerhalb der Stadt Salzburgs nur etwa zwölf Prozent der schulfähigen Kinder eine Schule besuchten[18]. Zudem muss angenommen werden, dass insbesondere in den starken Dialektgebieten der Salzburger Gebirgsgaue die Menschen die hochdeutsch normierten Texte ohnehin nicht recht verstehen konnten[19]. Es dürfte für die ausschließlich zuhörend an der Liturgie partizipierende Kirchengemeinde daher wenig Unterschied gemacht haben, ob sie lateinische Texte nicht verstanden oder eben hochdeutsche. Mit der Einführung des neuen Kirchengesangbuches traf demnach eine gebildete Schrifttradition auf eine zu diesem Zeitpunkt vornehmlich mündlich überlieferte Musiktradition, die zudem ausschließlich dialektal geprägt war.

Diese textliche wie musikalische, also theologisch und ästhetische, Differenzerfahrung soll im Folgenden anhand eines Vergleichs von zwei Weihnachtsliedern aus eben diesen beiden Bildungsschichten verdeutlicht werden. Einander gegenübergestellt werden das Kirchenlied *Wie trostreich ist uns Adamskindern* aus dem Landshuter Gesangbuch von 1777 sowie das Weihnachtslied *Lippei sollst gschwind aufsteh* aus dem Salzburger Pinzgau, aufgezeichnet im Jahr 1818 im Rahmen der großen Volksliedsammlung durch Joseph Sonnleithner.

„Ein uraltes Weihnachts-Lied": Lippei sollst gschwind aufsteh

Das Weihnachtslied *Lippei sollst gschwind aufsteh* wurde im Rahmen der ersten großen österreichischen Volksmusik-Sammelaktion, initiiert vom ersten Generalsekretär des Wiener Musikvereins, Joseph Sonnleithner, am 12. Mai 1818 vom Pinzgauer Lehrer Franz Wegmayer aufgezeichnet und nach Wien geschickt. Wegmayer bezeichnete den Gesang als ein „uraltes Weihnachts-Lied, welches aber noch von den Bauern-Sängern hie und da unter dem Gottesdienste gesungen"[20] wurde. Noch 1818 wurden demnach im ehemaligen Fürsterzbistum Salzburg, das in der Zwischenzeit zur österreichischen Provinz herabgesunken war,[21] immer noch traditionell überlieferte Weihnachtsgesänge im Gottesdienst zu Gehör gebracht. Hier aufgezeichnet in einer Transkription des Pinzgauer Dialekts in der Form eines einfachen Wechselgesangs, handelt es sich vermutlich um ein typisch barockes Kirchenlied, das wohl aufgrund seiner mündlichen Überlieferung 1818 als ‚Volkslied' eingestuft wurde. Tatsächlich ist zumindest der Liedtext bereits 1750 erstmals

---

[18] Vgl. K. Wagner, Zur Geschichte der Schulverbesserung in Salzburg unter Kurfürst Ferdinand, in: Mitteilungen der Gesellschaft für Salzburger Landeskunde 31 (1929), S. 151–222.

[19] Vgl. die Berichte zu den Dialekten in den Gebirgsgauen in: L. Hübner, Reise durch das Erzstift Salzburg zum Unterricht und Vergnügen nebst Stundenzeiger [von Fruhewirth] und Strassenkarte, [Salzburg] 1796.

[20] Lieder und Tänze um 1800 aus der Sonnleithner-Sammlung der Gesellschaft der Musikfreunde in Wien, hrsg. v. G. Haid / Th. Hochradner, Wien u. a. 2000 (= Corpus Musicae Popularis Austriacae 12), S. 347 u. 353.

[21] Vgl. Verlorene Söhne und Töchter. Salzburgs Musikleben nach Auflösung der Hofmusikkapelle, hrsg. v. Th. Hochradner, Wien 2019 (= Veröffentlichungen des Arbeitsschwerpunktes Salzburger Musikgeschichte 6); Schichten – Strömungen – Spannungsfelder. Volksmusikalische Zeitfenster in Salzburg 1816–2016, hrsg. v. W. Dreier-Andres, Salzburg 2020.

im Pustertal nachweisbar[22]. Die Einordnung als „uraltes" Lied bezieht sich jedoch nicht nur auf die bekannte Tradition des Gesangs, sondern wohl auch auf die Salzburger Kirchenreformen: Derartige Lieder sollten spätestens seit Colloredos Hirtenbrief von 1782 nicht mehr Bestandteil der Messliturgie sein.

Inhaltlich wie musikalisch repräsentiert dieses Weihnachtslied eine barocke Frömmigkeitskultur, welche – im Dialekt gesungen – die theologischen Geheimnisse des Weihnachtsfestes in die Lebenswirklichkeit der Menschen bringt und für diese in volksnah unmittelbarer Weise rezipierbar macht (siehe Notenbeispiel 1).

2.   Chor: Die Musi werth scha lang.
    Lipp: I he nix.
    Chor: Trag die Pfeif a mit dia.
    Lipp: Ist scha kricht.
    Chor: Die Engel singen obn,
    es sey ein Kind gebohrn.
    Wanns der Mesias wa!
    Lipp: Das wa ra.

3.   Chor: Kind laid in alten Stall.
    Lipp: Wer hats gsagt?
    Chor: I hans von Engai kescht.
    Lipp: Hastn fragt?
    Chor: Ein Jungfrau, keusch und rein,
    die soll sein Mutter seyn,
    dort, wo der Stern brinnt –
    Lipp: liegt das Kind?

4.   So schöns is kais gebohrn,
    wie das Kind,
    das auf dem Heu muß liegn.
    Ist recht Sünd.
    Muß geh die Muada fragen,
    ob is nit haim derf tragn.
    Hätt dran a rechte Freud.
    Du rödst gscheid.

5.   Warths ihm nu fleißig auf,
    d Kind, den klein.
    Wir kemman öfters her
    Und suchns haim.
    Wir bittens klaine Kind,
    daß er verzeiht die Sünd.
    Er wirds uns denkn dran,
    der Gottessohn.

Notenbeispiel 1: Weihnachtslied: *Lippei sollst gschwind aufsteh.* Sonnleithner-Sammlung. Transkription[23].

---

[22]   Vgl. Lieder und Tänze um 1800 aus der Sonnleithner-Sammlung, S. 353.
[23]   Ebd.

Die ersten drei Strophen des Liedes sind in Dialogform angelegt und spielen inhaltlich ein Gespräch zwischen den Hirten am Feld vor Bethlehem nach, welche
der biblischen Erzählung nach vom Chor der Engel auf die Geburt des Erlösers
aufmerksam gemacht worden sind. Nur der Hirte Lippei (Philipp) verschläft das
wunderbare Geschehen und wird von anderen Hirten aufgeweckt. Die einfache Melodie versteht es, diesen Moment eindrücklich in Szene zu setzen: Während die auf-
geregten Hirten melodievoll vom Geheimnis des Weihnachtswunders berichten,
fragt oder antwortet der verschlafene Hirte Lippei jeweils mit einer gleichförmigen
Tonfolge (*d-f-g*) zwischenrein. Nur die vierte und die fünfte Strophe verzichten auf
die komödienhafte Dialogform und enden nach einer moralischen Belehrung mit
einer obligaten Gebetsbitte an den neugeborenen Erlöser.

Kirchenlied: *Wie trostreich ist uns Adamskindern*

Geradezu abstrakt und unverständlich wirkt aus dieser volksliedhaften Perspektive dagegen das theologisch feinsinnig gedichtete Lied *Wie trostreich ist uns
Adamskindern* von Fr. S. Kohlbrenner aus dem *Landshuter Gesangbuch*, das im Gegensatz zu dem vorherigen Weihnachtslied nun mit Generalbassbegleitung gesetzt
ist und durchaus einen Kunstanspruch erhebt (siehe Notenbeispiel 2).

2. Von Gottes reinstem Geist umfangen,
    gebahr die Jungfrau Gottes Sohn'.
    Die Hirten kommen mit Verlangen
    verwundernd zu dem Krippenthron'.
    Die Freude war durch Engelschaaren
    auf allen Feldern kund gemacht;
    und jeder Schäfer, ders erfahren,
    hat ihm ein Opfer hingebracht.

3. Hoch über Palästinens Gränzen,
    da Finsterniß die Erde deckt,
    Hebt an ein neuer Stern zu glänzen,
    der alles von dem Schlummer weckt.
    Dieß neue Licht zieht drey der Weisen
    von dem entfernten Morgen her:
    Die kommen, bethen an, und preisen,
    Dich, unsern höchsten Gott, und Herr!

Notenbeispiel 2: Kirchenlied: *Wie trostreich ist uns Adamskindern*, in: Der heilige Gesang zum Gottesdienste in der römisch-katholischen Kirche. Erster Theil, Landshut und München 1777, S. 68–70.

Der drei Strophen umfassende Gesang ist zwar in seiner Melodiebildung und allgemeinen musikalischen Faktur nicht wesentlich komplexer als das zuvor beschriebene Pinzgauer Hirtenlied, funktioniert jedoch grundlegend anders: Als Generalbasslied benötigt es die Begleitung der Orgel, verzichtet auf alle theatralen Elemente und eignet sich besonders gut für den gemeinsamen Kirchengesang. Auch inhaltlich wird das Weihnachtsgeschehen aus einer völlig anderen Perspektive betrachtet: *Wie trostreich ist uns Adamskindern* versetzt die singende Kirchengemeinde in eine durch die Erbsünde verbundene Schicksalsgemeinschaft, von der alle Menschen erst durch die Geburt Christi erlöst wurden. Das wunderbare Ereignis im Stall von Bethlehem wird theologisch gedeutet und von der Gemeinde singend vorgetragen.

Tatsächlich erscheint die vorliegende Melodie zwar etwas hoch gesetzt, aber nicht unbedingt zu komplex für einen Volksgesang zu sein; vielmehr würde man sie aufgrund ihrer Melodiebildung und der eher simplen Generalbasslinie aus heutiger Sicht wahrscheinlich sogar als ‚volkstümlich‘ bezeichnen. Es scheint unplausibel, dass diese Lieder nicht erlernbar gewesen sein sollten. Vielmehr zeigt der Vergleich der beiden Lieder deutlich den Bruch zwischen einer jahrhundertealten Tradition des beobachtenden Schauens und Erstaunens vor den Wundern der Erlösungsgeschichte und der plötzlichen Teilhabe an der theologischen Deutung dieser Ereignisse als gemeinschaftliches Kirchenvolk. Repräsentiert das Lied *Lippei sollst gschwind aufsteh* in seiner dialogischen Form noch die exegetische Tradition der Vormoderne[24], welche in zahlreichen Oster- und Weihnachtsdialogen den Menschen die heilsgeschichtlichen Ereignisse innerhalb eines ‚mythisch‘ verstandenen Weltbildes zeigten, so steht das Generalbasslied *Wie trostreich ist uns Adamskindern* für das moderne historische Verständnis, welches das Kirchenvolk über den unmittelbaren historischen Zusammenhang der eigenen Lebenswirklichkeit aufklärt.

„Indifferentismus“ als Differenzerfahrung

Im Vergleich der beiden Weihnachtslieder ist der Einfluss der theologisch neu gedeuteten Inhalte aus dem Bereich der protestantischen Aufklärung und des Historismus im neu eingeführten Generalbasslied deutlich zu erkennen und wurde von den Gläubigen auch wahrgenommen. Nicht umsonst wurde Colloredo in zahlreichen Schmähschriften als „geheimer Lutheraner“[25] verunglimpft und ihm die Nähe zum Protestantismus vorgeworfen. Wo dieser Rezeptionseindruck genau herrührt, bleibt in den meisten schriftlichen Reaktionen oder in den Streitschriften gegen den Fürsterzbischof jedoch vollkommen unkommentiert. Im Bezug auf die beiden vorgestellten Gesänge scheint es jedoch plausibel, dass die neue performative und inhaltliche Struktur des Generalbassliedes insbesondere vor dem Hintergrund der nach wie vor lebendigen ‚vormodernen‘ Kirchenliedtradition eine ästhetische Alteritätserfahrung ausgelöst haben. Auch wenn die vielen Berichte über die misslungene Einführung des Gesangs sehr oberflächlich bleiben, bieten sie doch eine dekonstruierbare Quellenschicht, wenn etwa in Zell am See es den Menschen angeblich unmöglich war, diese Lieder zu singen, weil die Stimmen

---

[24] Vgl. dazu M. Eberle, Von „veniunt“ zu „eamus“. Zur semantischen Funktion der Melodien im frühen Osterspiel, im vorliegenden Heft S. 7–19.

[25] A. S. Weiß, Colloredo-Verbote. Kirchliche Reformpolitik am Beispiel Salzburgs Ende des 18. Jahrhunderts, in: Bräuche im Salzburger Land. Zeitgeist, Lebenskonzepte, Rituale, Trends, Alternativen, hrsg. v. L. Luidold / U. Kammerhofer-Aggermann, CD-Rom 2. Vom Frühling bis zum Herbst (Salzburger Beiträge zur Volkskunde 14), Salzburg 2003 (vgl. auch https://www.brauch.at/folge02/ch03s07.html, 16.03.2023).

aufgrund der „täglichen Milch- Käs und Schmalz-Kost"[26] sich nicht zum Singen eigneten. In Kaprun wurden hingegen insbesondere die „dicken Hälse" der Männer angeführt, welche zu einer „unreinen Stimme" führten und die Kehlen für den Gesang „untauglich" machten.

In der Musikgeschichte sind diese einer Gesangsreform im Wege stehenden physiologischen Gründe durchaus bekannt: Schon Johannes Diaconus hatte für die Probleme bei der Einführung des römischen Chorals in Frankreich im 9. Jahrhundert bei den alpinen Völkern ähnliche körperliche Fehlstellungen ausgemacht. Er schrieb damals, dass diese „mit ihrem älplerischen Körperbau und ihren wie Donnerschall ertönenden Stimmen, [...] die Süßigkeit des übernommenen Gesangs nicht wiederzugeben vermögen, mit ihren barbarischen Säufergurgeln [...]"[27].

Zeugen diese durchaus belustigenden Zitate deutlich von einer Alteritätserfahrung im Zuge einer Einführung neuer, unbekannter Kirchengesänge, zeigen sie jedoch vor allem, dass die betroffenen Menschen zu diesen Zeiten keine Möglichkeit und vermutlich auch kein geeignetes Vokabular zur Verfügung hatten, um diese offensichtlich erlebte ästhetische Differenzerfahrung überhaupt zu artikulieren. Offenbar war es plausibler, auf das Narrativ der körperlichen Begrenztheit zurückzugreifen, als gegen die normative Setzung des Fürsterzbischofs aufzubegehren. Selbstverständlich können diese starken Reaktionen mit der traditionellen Verankerung der Bevölkerung in den liebgewonnenen barocken Frömmigkeitstraditionen erklärt werden. Das Problem könnte aber auch in der starken Verschränkung von Generalbasslied und evangelischem Glaubensausdruck liegen. Darauf gibt zumindest ein Bericht der Gemeinde Zimmerau bei Annaberg einen Hinweis:

„[Dort] zeiget die gantze gemeinde ob den allgemein Singen in der Kirchen einen solchen Unlust, und Widerwillen, daß ohngeacht aller erdenklicher, gütigster Vorstellung nur bey mindister Meldung des allgemeinen Singen die ganze gemeinde zugleich die gröste Bestürzung aussert, in gemur offentlich ausbricht, ja auch ser Vile Bittere Zähr weinen, daß aber, wie ich Vermerke, auß einen irrigen Begriff, daß Sie daß allgemeine Singen alß eine Nachamung der Lutherischen Evangelischen unß benachbarten Gosauern ansehen, das aber so mehr, alß diese Leüte, welche wegen Nachbarschaft immer mitsam was zuthuen haben, boshafterweiß Vilfältig bey bringen, und selben sagen: Nun sechet aniesto gehet euch auch schon das wahre Liecht allgemach auf, ihr

---

[26] Zit. nach Manal, Die Einführung des Salzburger Diözesangesangbuches, S. 48, Fn. 71: „solches rühret hauptsächlich her von der täglichen Milch- Käs und Schmalz-Kost, wodurch die Kehle Zum Singen fast durchgehends unbrauchbar werden muß.", und: „Aus Kaprun hört man, es sei ‚ein angebohrener Fehler des Landvolks, wenigst im Gebürge, daß die meiste besonders von dem männlichen geschlecht untauglich sind zum singen. ihre dicke Hälse Verursachen, daß sie keine reine Stimme aus der Kehle heben können. Die Probe liegt klar am Tag wenigst in hiesiger kleinen Gemeinde, wo man kaum 8 oder aufs höchste 10 Mannspersonen ausfindig machen kann, die sich getrauen ofentlich Kirchensinger abzugeben'." Vermutlich bezieht sich der Hinweis auf die dicken Hälse und den angeborenen Fehler auf vergrößerte Schilddrüsen (Kropf), welche aufgrund von Jodmangel insbesondere im Gebirge häufig aufgetreten ist. (Ich bedanke mich bei Ulrich Konrad für diesen Hinweis.)

[27] „Alpina siquidem corpora, vocum suarum tonitruis altisone perstrepentia, susceptae modulationis dulcedinem proprie non resultant, quia bibuli gutturis barbara feritas [...]", zit. nach H. Möller, Die Einführung des Gregorianischen Chorals im Frankenreich, in: Europäische Musikgeschichte, hrsg. v. S. Ehrmann-Herfort/L. Finscher/G. Schubert, 2 Bde. Kassel u. a. 2002, Bd. 1, S. 117.

müsset nun eüre Kirchen, Altäre, Bilder ausraumen etc. Anstadt Rossenkranz betten etc. gleich wie wir mit in das gesamte singen, aniesto zeiget es sich schon, wer in glauben recht hat, daß Ihr und nicht Wir bishero in glauben gefället haben etc."[28]

Dieses indirekte, von protestantischer Seite geäußerte Zitat verweist sehr unmittelbar auf die Ängste, die sich de facto hinter der vorgeschobenen physiologisch begründeten Reformverweigerung verbergen: Man fürchtete, mit den Gesängen die Nähe oder gar Zugehörigkeit zum lutherischen Bekenntnis auszudrücken; die treuen Katholiken stünden damit letztlich auf der falschen Seite des christlichen Heilsversprechens, und das in einer Region, in welcher die letzte Protestantenvertreibung von 1732 noch stark im kollektiven Gedächtnis der Bevölkerung verankert war und in der auch unter Fürsterzbischof Colloredo die evangelische Konfession nicht erlaubt war. Mit Argwohn blickte man also von Zimmerau in Salzburg über den Bergpass ins nur wenige Kilometer entfernte Gosau in Österreich, wo sich mit dem unter Joseph II. eingeführten Toleranzpatent von 1781 praktisch die gesamte Gemeinde gleichsam über Nacht zum lutherischen Glauben bekannt hatte.

Diese offen geäußerten Befürchtungen, dass die neuen Lieder und insbesondere das gemeinsame Singen in der Gemeinde letztlich den protestantischen Glauben zum Sieger der Konfessionskriege erklären könnte, zeigt, dass der gemeinsame Kirchengesang als konfessionell gebunden verstanden wurde. Er löste demnach eine Alteritäts- und Differenzerfahrung aus, freilich ohne eine unmittelbare Anerkennung der Ebenbürtigkeit. Gleichzeitig wird in der drastischen Beschreibung der Angst vor dem Gemeindegesang aber auch eine große Unsicherheit in Glaubensfragen deutlich: Immerhin war den Zimmerauer Katholiken bewusst, dass jenseits der Landesgrenze beide Konfessionen gleichermaßen toleriert wurden.

Diese Tatsache entlarvt schließlich die aufklärerischen Intentionen des letzten Salzburger Fürsterzbischofs als eine mehr dem Jansenismus zugehörige Frömmigkeitsbewegung, denn eine in aller Konsequenz durchgeführte Aufklärung des Volkes und seines eigenen Kirchenstaates. Zwar wendet er sich in seinem Hirtenbrief von 1782 klar gegen jeden „[…] Sceptizismus und Indifferentismus, Religionsspötterey, und freche, ruchlose Lasterhaftigkeit, Aberglauben und Fanatismus, Lieblosigkeit und Menschenhaß, Intolerantismus und Verfolgungsgeist und praktische Gottesverleugnung […]"[29], konfessionelle Toleranz wie in Österreich gibt es in Salzburg bis zur Säkularisation jedoch nicht.

International war der Hirtenbrief des Salzburger Fürsten hoch gelobt worden und galt als besonders fortschrittlich, sogar fortschrittlicher als alle Reformen durch Joseph II. in Österreich[30]. Doch die Quellen zur Einführung des neuen Kirchengesangbuches machen deutlich, wie groß die Diskrepanz zwischen den erlassenen Neuerungen und der tatsächlich gelebten Verweigerung von Religionstoleranz in einem absolut regierten, katholischen Kirchenstaat war. So zeugen die

---

[28] Zit. nach Manal, Die Einführung des Salzburger Diözesangesangbuches, S. 50.
[29] Hirtenbrief, S. 45.
[30] Vgl. Lobenwein, Ein Fürstenleben zwischen Alltag und Aufruhr, S. 31–34.

hier vorgestellten Quellen davon, dass der gemeinsame Kirchengesang tatsächlich eine Differenzerfahrung auslösen konnte; bezeichnend bleibt, dass die schriftlichen Quellen, die allesamt von Vertretern der Kirche verfasst wurden, jedoch vor allem von Furcht berichten. Noch löste das Imitieren evangelischer Gesänge in den Landgemeinden Ängste aus, noch war es verboten, sich in der Erzdiözese zum protestantischen Glauben zu bekennen, doch der Gedanke, dass vielleicht auch der evangelische Glaube zum Seelenheil führen könnte, war gesät.

Die Vesperpsalmen von Niccolò Jommelli*

Wolfgang Hochstein

Abgesehen von seiner Tätigkeit als freischaffender Komponist insbesondere von Opern stand Niccolò Jommelli für kürzere oder längere Perioden seines Lebens in verschiedenen festen Anstellungsverhältnissen: Mitte der 1740er Jahre wirkte er als Kapellmeister am Ospedale degl'Incurabili in Venedig, von 1749 bzw. 1750 bis zum Sommer 1753 war er als Coadiutor an S. Pietro in Rom für die Cappella Giulia zuständig und um dieselbe Zeit – wie Rainer Heyink erst vor einigen Jahren nachgewiesen hat [1] – in gleicher Funktion an der dortigen Kirche S. Maria dell'Anima tätig; von 1753 bis 1769 übte er das Amt als Oberkapellmeister am Württembergischen Hof von Herzog Karl Eugen in Stuttgart aus, ehe er sich in seine neapolitanische Heimat zurückzog und dort unter anderem noch einige Auftragswerke für den portugiesischen Hof schrieb. In Bezug auf die Komposition von Kirchenmusik haben diese Wirkungsstätten unterschiedliche Anforderungen an Jommelli gestellt, und dies hat zur Entstehung eines jeweils spezifischen Repertoires geführt:

Da an den damaligen venezianischen Ospedali nur Mädchen und junge Frauen zur Musikausbildung zugelassen waren, ist eine Vokalbesetzung mit weiblichen Stimmen das unverkennbare Merkmal aller für den regulären Gebrauch an diesen Instituten geschriebenen Werke und damit auch der Incurabili-Kompositionen von Jommelli. Die singenden Mädchen gehörten seinerzeit zu den Attraktionen der „Serenissima". Ihre öffentlichen Auftritte fanden in den Kirchen der vier venezianischen Ospedali statt, und deshalb besteht das Repertoire ausschließlich aus Vertonungen geistlicher Texte; insbesondere handelt es sich um Solomotetten, Marianische Antiphonen und Oratorien, außerdem um Psalmen und die ersten Teile des Messordinariums (Kyrie, Gloria und ggf. Credo) [2]. Die Stücke werden in der Regel von einem Streichorchester mit Basso continuo begleitet. – In den rund zwei Jahren seiner Anstellung bei den Incurabili schrieb Jommelli zwei Oratorien,

* Bei dem vorliegenden Beitrag handelt es sich um die übersetzte und aktualisierte Fassung des Vortrags „I salmi vespertini di Niccolò Jommelli", den der Verfasser am 3. Oktober 2014 beim Internationalen Kongress „Le stagioni di Niccolò Jommelli. La musica sacra" in Reggio Calabria gehalten hat. Der von N. Maccavino herausgegebene Kongressbericht ist 2020 in Reggio Calabria erschienen (= Edizioni del Conservatorio di musica „F. Cilea"). Herrn Prof. Dr. Nicolò Maccavino sei für die Genehmigung zur Nachnutzung dieses Beitrags vielmals gedankt.
1 R. Heyink, Niccolò Jommelli, maestro di cappella der ‚deutschen Nationalkirche' S. Maria dell'Anima in Rom, in: Studi musicali XXVI (1997), S. 417–443; ders., Fest und Musik als Mittel kaiserlicher Machtpolitik. Das Haus Habsburg und die deutsche Nationalkirche in Rom S. Maria dell'Anima, Tutzing 2010 (= Wiener Veröffentlichungen zur Musikwissenschaft 44), bes. S. 96–105.
2 Das auf Paulus zurückgeführte Frauen-Singverbot in der Kirche („Mulieres in ecclesiis taceant", 1 Kor 14,34) wurde seinerzeit so ausgelegt, dass es in der Messe ab dem Offertorium einzuhalten war, während es für Auftritte in paraliturgischen Andachten keine diesbezüglichen Beschränkungen gab.

einige Solomotetten, eine Kyrie/Gloria-Messe, ein Credo sowie vermutlich vier Vertonungen von Vesperpsalmen[3].

Während seiner Tätigkeit als Coadiutor an S. Pietro sowie an der deutschen Nationalkirche S. Maria dell'Anima in Rom hatte Jommelli wegen der Erkrankung von Pietro Paolo Bencini alle Funktionen des amtierenden Kapellmeisters wahrzunehmen. Dies führte zum größten Ertrag von liturgischer Kirchenmusik in seiner gesamten Laufbahn[4]. Bei diesen Werken handelt es sich um Vertonungen von Texten aus unterschiedlichen liturgischen Gattungen – nämlich Messproprien, Psalmen, Antiphonen, Responsorien, Hymnen, Cantica und Lamentationen –, während authentische Beiträge zum Messordinarium fehlen und möglicherweise verlorengegangen sind. Einige Stücke sind im Stile antico für Chor a cappella geschrieben; der überwiegende Teil jedoch ist mit Singstimmen (Soli und Chor) und Generalbass besetzt und repräsentiert einen moderneren Kirchenstil. Darüber hinaus gibt es mehrere Werke mit Begleitung durch ein Streichorchester; Bläser hingegen kommen nur in den solistischen Lamentationen vor. Bei kirchlichen Aufführungen wurden die Sopran- und Altstimmen selbstverständlich von Kastraten, Falsettisten oder Knaben gesungen.

Nach Hochrechnungen von Heyink müsste Jommelli während seiner römischen Jahre allein für S. Maria dell'Anima acht Messen und vier Vesperzyklen komponiert haben; nicht mehr nachweisbare Werke werden als Verlust vermutet[5]. Als Beleg für deren ursprüngliche Existenz werden Dokumente wie das folgende angeführt: „Io soscritto fo fede che siano fatti li duo servitij soliti in musica dal Sig. Nicolo Jomella maestro di capella della nostra chiesa […]"[6]. Hier bleibt indes zu fragen, ob solche Formulierungen tatsächlich die Präsentation von Neukompositionen indizieren, oder ob damit lediglich die Einstudierung und Leitung bereits existierender Werke (auch von anderen Komponisten) gemeint sind.

Offiziell hatte Jommelli in Stuttgart die Oberhoheit über das gesamte höfische Musikleben von der Oper bis zur Kirchenmusik beider Konfessionen. Sein Arbeitsschwerpunkt lag aber auf dem Gebiet der Oper, und seine Beiträge zur katholischen Kirchenmusik bestehen lediglich aus vier Auftragswerken; zu diesen gehören das Requiem in Es-Dur für die verstorbene Mutter des Herzogs (1756) und die Messe in D-Dur, die vermutlich für die Einweihung der neuen Kapelle im Schloss Solitude bestimmt war (1766)[7].

---

[3] Zur zeitlichen Eingrenzung von Jommellis Tätigkeit in Venedig und zum kirchenmusikalischen Repertoire dieser Jahre vgl. W. Hochstein, Die Kirchenmusik von Niccolò Jommelli (1714–1774) unter besonderer Berücksichtigung der liturgisch gebundenen Kompositionen (2 Bde.), Hildesheim 1984 (= Studien zur Musikwissenschaft 1), bes. Bd. 1, S. 23–31.

[4] Vgl. ebd., S. 32–50 (dort S. 38–41: Tabelle der in Rom entstandenen Kirchenkompositionen Jommellis).

[5] Vgl. Heyink, Niccolò Jommelli, S. 439 und 440.

[6] Ebd., S. 436, Anm. 68 (Übersetzung: „Der Unterzeichnete bezeugt, dass die üblichen zwei musikalischen Dienste von Herrn Nicolo Jomella, dem Kapellmeister unserer Kirche, abgeleistet wurden").

[7] Vgl. Hochstein, Die Kirchenmusik von Niccolò Jommelli, Bd. 1, S. 51–57. Siehe außerdem ders., Jommellis Kirchenkompositionen während seiner Stuttgarter Zeit, in: Musik in Baden-Württemberg – Jahrbuch 1996, S. 179–195.

Aus den Jahren nach 1769 stammen nur noch wenige Sakralwerke, darunter eine große Messe für den portugiesischen Hof und als letzte Komposition die italienische Psalmparaphrase *Pietà Signore*[8].

Beiträge zur Gattung der Vesperpsalmen, um die es in diesen Ausführungen gehen soll, hat Jommelli nur während seiner Tätigkeiten in Venedig und in Rom geschrieben. Die Stücke entstanden zwischen dem 29. und 39. Lebensjahr des Komponisten und gehören demnach in seine frühe bis mittlere Schaffensperiode. Anders als manche seiner älteren und jüngeren Zeitgenossen – etwa Johann Joseph Fux in Wien oder Wolfgang Amadeus Mozart und Michael Haydn in Salzburg – hat Jommelli allerdings keine vollständigen Vesperzyklen mit fünf bzw. vier Psalmen[9] und anschließendem Magnificat komponiert. Stattdessen gibt es von ihm ein einzelnes Magnificat für Doppelchor und Generalbass sowie insgesamt 17 vollendete und zwei unvollendete Vertonungen einzelner Vesperpsalmen. Zwei der 17 Psalmen sind scheinbar verloren, von einem anderen fehlen die ersten Seiten der einzigen Quelle. Insgesamt handelt es sich um drei Versionen des 109. Psalms *Dixit Dominus*[10], vier Fassungen des 110. Psalms *Confitebor tibi* (davon eine unvollendet), zwei Fassungen des 111. Psalms *Beatus vir*, drei Fassungen des 112. Psalms *Laudate pueri* (in einer davon fehlen die ersten Seiten), drei Fassungen des 125. Psalms *In convertendo* (davon eine unvollendet und eine verloren), zwei Fassungen des 115. Psalms *Credidi propter quod* (eine davon verloren) und je eine Fassung der Psalmen *Laetatus sum* und *Beati omnes* (Psalm 121 und 127); siehe dazu die chronologische Übersicht in Tabelle 1. Eine Vertonung einzelner, nicht zyklisch organisierter Vesperpsalmen, die je nach Bedarf zusammengestellt und auch mit Werken anderer Komponisten kombiniert werden konnten, war allem Anschein nach im 18. Jahrhundert in Italien die überwiegende Praxis. Dies bestätigen die Befunde der Psalmvertonungen von Alessandro Scarlatti und Francesco Durante in Neapel, Antonio Vivaldi und Baldassare Galuppi in Venedig, Giacomo Antonio Perti und Giovanni Battista („Padre") Martini in Bologna und Girolamo Chiti oder Niccolò Zingarelli in Rom. – Bei liturgischem Gebrauch wird bekanntlich die Doxologie „Gloria Patri/Sicut erat" an die Psalmen angehängt.

---

[8] Vgl. Hochstein, Die Kirchenmusik von Niccolò Jommelli, Bd. 1, S. 57–66. Siehe auch M. McClymonds, Niccolò Jommelli. The Last Years, 1769–1774, Ann Arbor 1980 (= Studies in Musicology 23), bes. S. 151–195.

[9] Im Gegensatz zum römischen Ritus enthält die monastische Vesper nur vier Psalmen.

[10] Wie seinerzeit üblich werden die Psalmen hier nach der Zählung von Septuaginta bzw. Vulgata zitiert; in der heute gebräuchlichen Nummerierung nach der hebräischen Bibel ist die Zahl bei den meisten Psalmen jeweils um eine höher.

Psalm (Nummer*)	HoJom**	Tonart	Ort und Jahr	Besetzung
Laetatus sum (121)	C.I.15	F-Dur	Venedig(?) 1743	Soli SA, Chor SATB, Cor I, II, Vl I, II, Vla, Bc
Laudate pueri (112)	C.I.17	B-Dur	Venedig 1746	Soli SSA/SSA, Doppelchor SSAA/SSAA (Coro grande / piccolo), Vl I, II, Vla, Bc (Coro grande), Vl I, II, Vla, Bc (Coro piccolo)
Confitebor tibi (110)	C.I.5	F-Dur	Venedig 1745/46?	Soli SSAA, Chor SSAA, Vl I, II, Vla, Bc
Confitebor tibi (110)	C.I.7	A-Dur	Venedig 1745/46?	Soli SSAA, Chor SSAA, Vl I (auch solo), II, Vla, Bc (auch Orgel solo)
Beati omnes (127)	C.I.1	B-Dur	Venedig 1745/46?	Soli SSA, Chor SSAB, Vl I, II, Vla, Bc
[Laudate pueri]***(112)	deest	B-Dur	Rom [1750]	Soli SATB/SATB, Chor 1 SATB, Chor 2 SATB, Bc 1+2, Chor 3 SATB, Chor 4 SATB, Bc 3
Credidi (115)	deest	?	Rom 1750	wahrscheinlich SATB/SATB, Bc (verloren)
In convertendo (125)	deest	?	Rom 1750	wahrscheinlich SATB/SATB, Bc (verloren)
Beatus vir (111)	C.I.3	B-Dur	Rom 1750	Soli SATB, Chor SATB, Bc
Confitebor tibi (110)	C.I.4	D-Dur	Rom 1750	Soli SAT, Doppelchor SATB/SATB, Bc
Beatus vir (110)	C.I.2	A-Dur	Rom 1751	Solo S, Chor SATB, Vl I, II, Vla, Bc
Confitebor tibi (110)	C.I.6	G-Dur	Rom 1751	Soli SATB, Chor SATB, Vl I, II, Vla, Bc (unvollendet)
Credidi (115)	C.I.8	A-Dur	Rom 1751	Soli SA, Chor SATB, Bc
Dixit Dominus à 8 (109)	C.I.9	F-Dur	Rom 1751	Soli SSSSAATT, Doppelchor SATB/SATB, Vl I, II, Vla, Bc
Dixit Dominus (109)	C.I.11	G-Dur	Rom 1751	Soli SATB, Chor SATB, Vl I, II, Vla, Bc
In convertendo (125)	C.I.14	G-Dur	Rom 1751	Soli SS, Doppelchor SATB/SATB, Bc (unvollendet)
Laudate pueri (112)	C.I.16	C-Dur	Rom 1752	Soli SS / SS, Doppelchor SATB/SATB, Bc
In convertendo (125)	C.I.13	D-Dur	Rom 1753	Soli SAT / SAT, Doppelchor SATB/SATB, Bc
Dixit Dominus à 4 (109)	C.I.10	F-Dur	?	Version a: Soli SATB, Chor SATB, Vl I, II, Vla, Bc / Version b: Soli SSTBB, Chor SSAB, Cor I, II, Vl I, II, Vla, Bc

Tabelle 1: Chronologische Übersicht über die Vesperpsalmen von Jommelli.

* Psalmenzählung nach Septuaginta und Vulgata; ** HoJom = Werknummer bei Hochstein, Die Kirchenmusik von Niccolò Jommelli; *** Die ersten acht Seiten fehlen (eine Papierlage).

Abgesehen von den Vesperpsalmen hat Jommelli auch zwei zur Gruppe der Bußpsalmen gehörige Stücke vertont: Der 6. Psalm *Domine ne in furore* stammt aus dem Jahr 1745 und liegt in einer Version für gleiche und einer Bearbeitung für gemischte Stimmen vor; zumindest in der Fassung für gleiche Stimmen dürfte das mehrsätzige, mit Solostimmen, Chor, Streichern und Continuo besetzte Stück zu den für das venezianische Ospedale degl'Incurabili bestimmten Werken gehören. Und von dem bei mehreren liturgischen Gelegenheiten vorgeschriebenen 50. Psalm *Miserere* gibt es sogar fünf nachweislich echte Vertonungen aus Jommellis römischer Zeit sowie eine Komposition, die 1759 in Stuttgart entstanden ist; die Werke sind für gemischten Chor oder für Doppelchor geschrieben, einige a cappella und andere mit Generalbass. Wenn überhaupt Solostimmen zum Einsatz kommen, tritt hier der virtuose gesangstechnische Anspruch zugunsten des Klangwechsels mit dem Tutti in den Hintergrund.

Die Psalmen 109 bis 112 (*Dixit Dominus*, *Confitebor tibi*, *Beatus vir* und *Laudate pueri*) gehören bekanntlich zur normalen Vesper an Sonntagen und an Bekennerfesten[11]; einzelne dieser Stücke werden an anderen Feiertagen ebenfalls verwendet. Psalm 121 (*Laetatus sum*) kommt regelmäßig in der Vesper an Marienfesten vor, während die Psalmen 115 (*Credidi propter quod*) und 125 (*In convertendo*) u. a. an Apostel- und Evangelistenfesten gebraucht werden – so auch zu Peter und Paul am 29. Juni, dem stets mit besonderem Aufwand gefeierten Patronatsfest des Petersdomes. Psalm 127 (*Beati omnes*) ist u. a. zu Fronleichnam vorgesehen. Generell handelt es sich also bei den von Jommelli vertonten Stücken um Psalmen, die bei mehreren Gelegenheiten im Jahr bzw. bei hohen Kirchenfesten zum Einsatz kommen konnten.

Bei zyklischen Vesperkompositionen wie von Fux, Mozart oder Michael Haydn war es üblich, die Psalmen und das Magnificat jeweils in Form eines einzigen Satzes zu vertonen; die heute bekanntesten Beispiele für diesen Typ sind die *Vesperae solennes de Dominica* KV 321 und die *Vesperae solennes de Confessore* KV 339 von Wolfgang Amadeus Mozart, entstanden 1779 und 1780 in Salzburg. Demgegenüber ist es bei einzelnen Psalmkompositionen wie jenen von Jommelli eine gängige Gepflogenheit, den Text auf eine Folge mehrerer musikalisch autonomer Sätze – Chöre, Arien und Ensembles – mit jeweils eigenem Profil zu verteilen. Dies führt uns zu Fragen nach der liturgischen Aufführungspraxis:

Wenn eine zyklisch komponierte Vesper zur Aufführung kam, wurde diese in der Regel vollständig gespielt. Eingangs- und Schlussversikel, Antiphonen und das Responsorium wurden dann entweder choraliter gesungen oder (still) gebetet. Dasselbe galt für den Hymnus, sofern dieser nicht in einer eigenen Vertonung erklang. Mehrsätzig komponierte Psalmen waren im Allgemeinen zeitlich ausgedehnter als ihre einsätzigen Pendants in den Vesperzyklen. Dies hatte zur Folge, dass bei einem normalen Vespergottesdienst nicht immer alle Psalmen in derart umfangreichen Vertonungen erklingen konnten und häufig eine Auswahl getroffen wurde. Außerdem war es eine gängige Praxis, für die in der Vesper benötigten Musikstücke Werke verschiedener Komponisten nach Art eines Pasticcio miteinander zu kom-

---

[11] Als fünfter Vesperpsalm ist an diesen Tagen eigentlich der 113. Psalm *In exitu Israel* vorgesehen; dieser wird aber häufig durch einen anderen Psalm ersetzt, z. B. durch *Credidi propter quod* (Ps 115) oder *Laudate Dominum* (Ps 116).

binieren. Leopold Kantner hat diese Praxis für den römischen Petersdom bezeugt; sie dürfte ähnlich auch für andere Orte gelten:

„[Man sang] an Sonn- und Feiertagen drei Psalmen mehrstimmig, die zwei restlichen choraliter [...]. An den Hochfesten waren alle Psalmen mehrstimmig und meist auch mehrchörig, doch nie als einheitliche Komposition eines einzigen Komponisten."[12]

Damit bestätigt sich eine Praxis, die Gaetano Moroni bereits 1841 für die zweite Vesper am Fest Peter und Paul in S. Pietro beschrieben hat. Hier wird im Hinblick auf den zweiten zu singenden Psalm und den Hymnus konkret auf Jommelli Bezug genommen:

„Per solito il primo salmo è composizione di Pitoni, il secondo di Jomelli a due cori, il terzo di Buroni, e l'inno è del detto Jomelli, riuscendo la musica meravigliosa, imponente, e sommamente armoniosa."[13]

Mit dem zweiten Psalm ist hier vermutlich das doppelchörige *Laudate pueri* C-Dur von 1752 gemeint (C.I.16), und bei dem Hymnus handelt es sich um das Stück *Aurea luce* aus dem Jahr 1750.

Zum weiteren Bereich der Aufführungspraxis gehört die Frage, für welche Orte Jommellis Kirchenmusik bestimmt war. Denn während davon auszugehen ist, dass seine venezianischen Sakralwerke bei den Gottesdiensten in der zu den Incurabili gehörigen Kirche S. Salvatoris gespielt wurden, bedarf die Zuordnung der römischen Kirchenkompositionen zu den Wirkungsstätten an S. Pietro und an der Kirche S. Maria dell'Anima einer näheren Erörterung: In der älteren Literatur bis hin zu meiner eigenen, 1984 veröffentlichten Studie war das Schaffen Jommellis für die deutsche Nationalkirche noch unbekannt, und deshalb lag es nahe, seine gesamte römische Kirchenmusik mit Ausnahme der Oratorien und geistlichen Kantaten dem Gebrauch am Petersdom zuzuweisen. Es ließ sich zwar nicht übersehen, dass unter den heutigen Beständen des Cappella-Giulia-Archivs in der Biblioteca Apostolica Vaticana (I-Rvat) keine einzige Jommelli-Komposition mit Orchesterbegleitung vorhanden ist, doch fehlen dort gleichermaßen einige seiner nur mit Singstimmen oder mit Generalbass besetzten Stücke, obwohl diese mit absoluter Sicherheit zu den San-Pietro-Werken gehören[14]. Man durfte also vermuten, dass die im Cappella-Giulia-Archiv nicht mehr nachweisbaren Kompositionen einstmals zum Bestand gehört hatten und dass sie im Zuge einer Bibliotheksrevision

---

[12] L. M. Kantner, Aurea luce. Musik an St. Peter in Rom 1790–1850, Wien 1979 (= Veröffentlichungen der Kommission für Musikforschung 18), S. 18. Obwohl der Verfasser eine spätere Periode behandelt, kann für Jommellis Amtszeit am Petersdom derselbe Usus unterstellt werden.

[13] G. Moroni, Le cappelle pontificie cardinalizie e prelatizie: opera storico-liturgica, Venedig 1841, Teil II, S. 379 (Übersetzung: „Üblicherweise ist der erste Psalm eine Komposition von Pitoni, der zweite von Jomelli für zwei Chöre, der dritte von Buroni, und der Hymnus stammt vom besagten Jomelli; so gelingt eine wunderbare, eindrucksvolle und höchst harmonische Musik").

[14] Dies gilt etwa für den Psalm *Credidi propter quod* (C.I.8) oder für die *Responsorii per la Settimana Santa* einschließlich weiterer Stücke für die Heilige Woche. – Auch die unvollendet gebliebenen Psalmvertonungen *Confitebor tibi* G-Dur (C.I.6) und *In convertendo* G-Dur (C.I.14) werden in der vatikanischen Bibliothek nicht aufbewahrt.

ausgeschieden wurden oder auf andere Weise verloren gegangen sind. Überdies tragen einige der anderenorts aufbewahrten Abschriften von Jommellis orchesterbegleiteten Sakralwerken den ausdrücklichen Hinweis „per S. Pietro", darunter der von seinem Hauptkopisten Giuseppe Sigismondo geschriebene Psalm *Beatus vir* A-Dur (C.I.2) und die doppelchörige *Dixit Dominus*-Vertonung in F (C.I.9). Deshalb bestand trotz einiger Skepsis, die ich bereits vor Jahren geäußert hatte[15], kein konkreter Anlass, an einer Zuweisung der fraglichen Werke an den Petersdom zu zweifeln – umso weniger, weil die viel zitierte Enzyklika *Annus qui*, die Benedikt XIV. am 19. Februar 1749 veröffentlicht hatte, eine instrumental begleitete Kirchenmusik nicht grundsätzlich ausschloss:

Die Enzyklika sollte im Hinblick auf das bevorstehende Heilige Jahr 1750 und die erwarteten auswärtigen Besucher sicherstellen, dass in den römischen Kirchen nur solche Musik zur Aufführung kam, die der gottesdienstlichen Würde angemessen war und den in der Kirchenmusik grassierenden Opernstil vermied. Der Gebrauch von Blasinstrumenten und Pauken wurde untersagt, Streicher waren im Prinzip aber zulässig. Von Jommellis römischen Kirchenkompositionen sind lediglich die drei *Lamentationes Jeremiae* mit Bläsern im Orchester besetzt, während alle anderen nicht mehr als höchstens ein Streichorchester verwenden. – Übrigens dürfte es in den Generationen nach Jommelli durchaus unstrittig gewesen sein, an S. Pietro Kompositionen mit Orchesterbegleitung unter Einschluss von Bläsern aufzuführen[16].

Seit den Forschungsarbeiten von Heyink steht inzwischen aber fest, dass nur die rein vokal oder mit Generalbass besetzten Werke Jommellis zu seinen Kompositionen für S. Pietro gehören, denn Jommelli „muss [...] einer der wenigen Kapellmeister in Rom gewesen sein, der sich offenbar an die Enzyklika Papst Benedikts XIV. gehalten hat" – vermutlich, „um seine Anstellung an der Cappella Giulia nicht [zu] gefährden"[17]. Die orchesterbegleiteten Stücke hingegen waren für S. Maria dell'Anima bestimmt, wenn es nicht – wie im Fall der geistlichen Kantaten – noch andere Auftraggeber gab. Es passt in dieses Bild, dass Jommellis Kirchenkompositionen des Jahres 1750 ausnahmslos nur mit Singstimmen und Generalbass besetzt sind und sich demnach für den Gebrauch am Petersdom eigneten, während „sich erst ab 1751 – dem Beginn von Jommellis Tätigkeit an der Anima – in seinen römischen kirchenmusikalischen Werken der Einsatz obligater Instrumente nachweisen läßt"[18].

Hinsichtlich der Aufführungspraxis an S. Pietro ist außerdem von Interesse, dass es in Anbetracht der Größe des Kirchenraumes üblich war, Chorgruppen einschließlich des Generalbasses zu verdoppeln oder noch weiter zu multiplizieren; dieser Usus betraf sowohl ein- wie mehrchörige Kompositionen. Manchmal wurden die Musiker auf eigens errichteten Tribünen seitlich des Hauptaltars platziert, und für Echowirkungen wurde sogar der Balkon am Fuß der Kuppel des

---

[15] Vgl. Hochstein, Die Kirchenmusik von Niccolò Jommelli, Bd. 1, S. 49 mit Anm. 91.

[16] Vgl. dazu die Werkverzeichnisse von Guglielmi, Zingarelli und anderen einschließlich der Quellennachweise in I-Rvat bei Kantner, Aurea luce, ab S. 259.

[17] Heyink, Niccolò Jommelli, S. 440.

[18] Ebd., S. 439. – Jommelli war zwar schon seit November 1749 als Coadiutor an S. Maria dell'Anima angestellt, konnte diese Funktion aber wegen Renovierungsarbeiten an der Kirche zunächst noch nicht ausüben; vgl. ebd., S. 418 f. und 425. Sein erstes Werk für die Anima könnte *Benedicta et venerabilis*, das Graduale zum Fest Mariae Geburt am 8. September, gewesen sein.

Domes in die Disposition der Klanggruppen einbezogen. Als Generalbass-Instrumente dienten feststehende bzw. transportable Orgeln, ggf. mit Unterstützung von Violoncello, Violone und Kontrabass. An Hauptfesten wurden zusätzlich zu den Sängern der Cappella Giulia weitere Musiker verpflichtet, so dass – wie zu Peter und Paul im Jubeljahr 1750 – die Zahl der Mitwirkenden auf mehr als 200 steigen konnte[19].

Wenden wir uns nun den formalen und musikalischen Eigenschaften von Jommellis Vesperpsalmen zu. Neben Hinweisen zum Aufbau der Werke und zur Anlage einzelner Sätze soll es dabei auch um solche Merkmale gehen, mit denen Jommelli sich einerseits den Konventionen seiner Zeit anschließt und andererseits zu individuellen Lösungen findet[20].

Die Werke sind ausnahmslos im modernen konzertierenden Stil geschrieben. Dabei äußert sich die Modernität der Vesperpsalmen bei den nur vom Generalbass begleiteten Werken vor allem in der Art, wie Jommelli die solistischen Singstimmen behandelt; denn an die Gesangstechnik und Virtuosität der Solisten werden kaum geringere Anforderungen als in der damaligen Oper gestellt. Angesichts der sparsamen Instrumentalbegleitung fehlen den für S. Pietro bestimmten Kompositionen fast alle Vor- und Zwischenspiele[21]. Daher ist ihre Formgestaltung insgesamt kompakter als bei den Stücken mit Orchester. Wenn hingegen obligate Streichinstrumente beteiligt sind, gehen diese manchmal colla parte mit den Singstimmen; noch häufiger weisen sie aber ein unabhängiges, von instrumentaler Idiomatik geprägtes Spiel auf. Zu den aktuellen Errungenschaften der Orchesterpraxis gehören zahlreiche dynamische Kontraste unter Einschluss der von Jommelli selbst in der Mitte der 1740-er Jahre erstmals gebrauchten Anweisung „crescendo il forte". Von polyphonen Partien abgesehen, liegt die melodische Führung in der jeweiligen Oberstimme, und in duettierenden Passagen sind parallele Terzen ausgesprochen häufig anzutreffen. Der Instrumentalbass hat oftmals typische Begleitfiguren wie Tonrepetitionen („Trommelbässe") zu spielen. Dies korreliert mit der Feststellung, dass in Jommellis Musik ein langsamer harmonischer Rhythmus überwiegt[22] – ein ebenfalls durchaus „modernes" Stilmerkmal.

Es wurde bereits erwähnt, dass die Vesperpsalmen aus einer Folge von mehreren eigenständigen Sätzen bestehen. Betrachten wir dazu die in Tabellen 2a und 2b exemplarisch mitgeteilten Aufbauten der Psalmen *Confitebor tibi* in F-Dur (C.I.5) und *Dixit Dominus* in G-Dur (C.I.11): Schon ein erster Blick auf die Tempi, Taktarten, Tonarten und Besetzungen der Sätze sowie auf einige interne Korrespondenzen offenbart einen architektonisch durchdachten Bauplan, der durch die Vielfalt sei-

---

[19] Näheres bei R. Heyink, „Con un coro di eco fino in cima alla cupola": zur Vespermusik an San Pietro in Vaticano um die Mitte des 18. Jahrhunderts, in: Recercare XI (1999), S. 201–227. Vgl. auch Hochstein, Die Kirchenmusik von Niccolò Jommelli, Bd. 1, S. 45–46.

[20] Zu den folgenden Ausführungen vgl. auch W. Hochstein, Zur Geschichte der Vesperae solemnes im 18. Jahrhundert, in: Mozart und die geistliche Musik in Süddeutschland, hrsg. v. F. W. Riedel, Sinzig 2010 (= Kirchenmusikalische Studien 12), S. 149–169.

[21] Vereinzelt gibt es kurze Zwischenspiele, die über dem Generalbass zu improvisieren sind.

[22] Harmonische Wechsel erfolgen also nicht Ton für Ton, sondern eher großflächig und oft takt- bzw. schwerpunktweise.

ner Teile gekennzeichnet ist und gleichzeitig auf eine formale Geschlossenheit des Gesamtwerkes abzielt. Chorsätze und solistische Nummern wechseln sich ebenso regelmäßig ab wie schnelle und langsame Stücke. Die Tonarten der Sätze folgen im Quint- oder Terzabstand aufeinander[23], und gelegentlich wird vom Dur in die Moll-Variante gewechselt; insgesamt dominieren Durtonarten. Ungefähr in der Mitte der Komposition ist die weiteste Entfernung von der Ausgangstonart erreicht. Dies alles führt beim *Confitebor tibi* in F-Dur zu einem absolut symmetrischen Gesamtaufbau mit der in D-Dur stehenden Arie *Sanctum et terribile* im Zentrum. Letzteres ist insofern bemerkenswert, weil der „Sanctum"-Vers keineswegs die Mitte des Psalmtextes bildet. Erst durch die vom Komponisten vorgenommene Verteilung der Verse auf die einzelnen Musiknummern – bereits die Hälfte aller Verse wurde im Eingangssatz verarbeitet! – konnte das *Sanctum et terribile* ins Zentrum des Werkes rücken. Daraus lässt sich folgern, dass Jommelli beim Aufbau seiner Komposition offenbar weniger von der Struktur der Textvorlage als von einer primär musikalischen Konzeption ausging. – Schon Jommellis erste vollständige liturgische Kirchenkomposition, der Psalm *Laetatus sum* von 1743 (C.I.15), besitzt einen unverkennbar symmetrischen Aufbau; hier wendet der Komponist außerdem die eher selten gebrauchte Möglichkeit an, einer Arie zwei Psalmverse zu unterlegen[24].

Die Ecksätze der Psalmen stehen in der Grundtonart, verwenden die volle Besetzung (aber nicht zwingend mit Solisten), sind oft mehrteilig und entsprechend ausgedehnt. Allen Kopfsätzen der Vesperpsalmen liegen mindestens zwei und bis zu sechs Psalmverse zugrunde, während im weiteren Verlauf überwiegend nur ein Vers pro Nummer vertont wird. Sätze, die mehr als einen Psalmvers enthalten, können etwa durch einen rondoähnlichen Aufbau vereinheitlicht oder bei vorhandener Orchesterbesetzung durch ein gleichbleibendes Instrumentalmotiv zusammengehalten werden. Diese Verfahren treten in Jommellis Vertonungen des 111. Psalms deutlich hervor: Im *Beatus vir* B-Dur von 1750 (C.I.3) umfasst der erste Satz die Verse 1–4 und der letzte die Verse 8–11; lässt man die angehängte Schluss-Fuge außer Acht, besitzen beide Sätze eine Ritornellform, bei der der erste Halbvers als wiederkehrender Refrain dient (siehe Tabelle 3 a/b und Notenbeispiel 1). Überdies hat der Anfangssatz eine absolut symmetrische Form mit dem d-Moll-Refrain als Mittelachse. Demgegenüber schließt Jommelli im Satz *Jucundus homo* aus dem *Beatus vir* A-Dur von 1751 (C.I.2) die darin vertonten Psalmverse 5–7 durch ein beibehaltenes Streichermotiv zusammen, wie aus Notenbeispiel 2 ersichtlich wird[25].

---

[23] Neben den häufigen Terzverwandtschaften ersten Grades (z. B. von B-Dur nach g-Moll) kommen auch solche zweiten Grades zur Anwendung (von B-Dur nach G-Dur).

[24] Dabei kam ihm u. a. die textliche Parallelität der Verse „*Propter fratres*" und „*Propter domum*" entgegen. – Mit der Schlussfuge *Sicut erat* greift Jommelli im *Laetatus sum* übrigens auf jenes Stück zurück, das er 1741 als Prüfungsarbeit zur Aufnahme in die Accademia Filarmonica zu Bologna geschrieben hatte und das ihn bis zur Kyrie-Fuge seines Requiems von 1756 begleiten sollte.

[25] Jommellis *Beatus vir* A-Dur liegt in gedruckter Ausgabe vor: Santa Maria dell'Anima: Musik für die Feste der deutschen Nationalkirche in Rom. Werke von Pietro Paolo Bencini und Niccolò Jommelli, hrsg. von R. Heyink, Kassel u. a. 2010 (= Concentus musicus XIII), S. 202–383. Der Satz *Jucundus homo* steht darin auf S. 266–303.

Text	Verse	Satzbezeichnung	Takt	Tonart	Vokalbesetzung (dazu: Streicher, Bc)
1. Confitebor tibi Domine	1	Adagio assai	2/2	F-Dur	Soli SSAA, Chor SSAA
	2–6	Allegro	2/4	F-Dur	Chor SSAA
	1	Adagio [assai]	2/2	F-Dur	Soli SSAA, Chor SSAA
2. Fidelia omnia mandata	7	Andante	3/8	B-Dur	Aria Sopran
3. Redemptionem misit	8	Allegro	4/4	G-Dur	Chor SSAA
4. Sanctum et terribile	9	Adagio	3/4	D-Dur	Aria Alt
5. Intellectus bonus	10	Allegro	3/8	G-Dur	Chor SSAA
6. Gloria Patri	11	Adagio	2/2	C-Dur	Aria Alt
7. Sicut erat Amen	12	[Allegro]/Adagio	2/4, 4/4	F-Dur	Chor SSAA
		[Allegro]	3/8	F-Dur	Chor SSAA (Fuga)

Tabelle 2a: Satzfolge des Psalms Confitebor tibi F-Dur, Venedig ca. 1745/46 (C.I.5)

Text	Verse	Satzbezeichnung	Takt	Tonart	Vokalbesetzung (dazu: Streicher, Bc)
1. [Sinfonia]		Allegro spirit.	4/4	G-Dur	
Dixit Dominus	1	Adagio	4/4	G-Dur	Chor SATB
Donec ponam	2–3	Allegro	2/4	G-Dur	Chor SATB
2. Tecum principium	4	Andantino	3/4	h-Moll	Aria Sopran
3. Juravit Dominus	5a	Adagio assai	4/4	G-Dur	Soli SATB, Chor SATB
Tu es sacerdos	5b	[Alla breve]	2/2	G-Dur	Chor SATB (Fuga)
4. Dominus a dextris tuis	6	Andante	2/4	D-Dur	Aria Sopran
5. Judicabit in nationibus	7a	Adagio	4/4	d-Moll	Chor SATB
Implebit ruinas	7b	Allegro	3/4	d-Moll→F-Dur	Chor SATB
6. De torrente	8	Andante	4/4	C-Dur	Aria Alt
7. Gloria Patri	9	Adagio	4/4	a-Moll→G-Dur	Chor SATB
Sicut erat	10	Allegro	2/4	G-Dur	Chor SATB

Tabelle 2b: Satzfolge des Psalms Dixit Dominus G-Dur, Rom 1751 (C.I.11)

Formteil	Einleitung	Ritornell	1.Episode	Ritornell	2.Episode	Ritornell	3.Episode	Ritornell	4.Episode	Ritornell	Epilog
Text	Vers 1a	Vers 1a	Vers 1b	Vers 1a	Vers 2	Vers 1a	Vers 3	Vers 1a	Vers 4	Vers 1a	Vers 1a (gekürzt)
Takte	1–15	16–29	30–43	44–57	58–75	75–88	89–121	122–135	136–164	165–178	179–186
Tonart	B-Dur	B-Dur	→	F-Dur	→	d-Moll	→	g-Moll	→	B-Dur	B-Dur
Vokalbes.*	ATB	Tutti	ATB	Tutti	AT	Tutti	SATB	Tutti	SATB	Tutti	SATB/Tutti

Tabelle 3a: Beatus vir B-Dur, Rom 1750 (C.I.3), Aufbau des ersten Satzes.

* S, A, T, B = solistische Singstimmen

Formteil	5.Episode	Ritornell	6.Episode	Ritornell	7.Episode	Ritornell	Fuga „Et in saecula"
Text	Vers 8	Vers 1a	Vers 9	Vers 1a	Verse 10–11a	Vers 1a	Vers 11b
Takte	1–52	53–66	67–96	97–110	111–131		132–200
Tonart	g-Moll	g-Moll	→	Es-Dur	→		B-Dur
Vokalbes.*	SATB/Tutti	Tutti	AT/Tutti	Tutti	SATB/Tutti		Tutti

Tabelle 3b: Beatus vir B-Dur, Rom 1750 (C.I.3), Aufbau des letzten Satzes „Dispersit, dedit pauperibus".

* S, A, T, B = solistische Singstimmen

Notenbeispiel 1: Ritornell aus dem ersten Satz des Psalms *Beatus vir* B-Dur (Rom 1750; C.I.3). In verschiedenen Tonarten stehend, wird dieser Abschnitt im ersten und im letzten Satz der Komposition mehrfach wiederholt und bewirkt eine klare formale Struktur (vgl. Tabelle 3). In Takt 28 des Beispiels ergibt die Bezifferung des Generalbasses einen Quartvorhalt, obwohl der Auflösungston bereits im Sopran liegt. – Quellen: I-Rvat, Capp.Giulia VI=59; I-Nc, Mus.rel.936 (Abschrift von Giuseppe Sigismondo 1774).

Notenbeispiel 2: Wiederkehrendes Instrumentalmotiv im Satz *Jucundus homo* aus dem Psalm *Beatus vir* A-Dur (Rom 1751; C.I.2). Diese Wiederholungen führen zu großer formaler Geschlossenheit des Satzes. – Quelle: I-Nc, Mus.rel.935 (Abschrift von Giuseppe Sigismondo 1776).

Indem Jommelli in den Ecksätzen seiner Psalmvertonung *Beatus vir* in B-Dur den Halbvers „*Beatus vir qui timet Dominum*" mehrfach aufgreift, setzt er sich über die Befolgung liturgischer Normen hinweg. Dies beweist erneut, dass der Komponist sich bei seiner Arbeit mehr von strukturellen Erwägungen als von strikter Textbefolgung leiten ließ. Zugleich gewinnt er mit dem sich wiederholenden Hinweis auf die „Seligkeit des gottesfürchtigen Menschen" die Möglichkeit, die Intensität dieser Aussage zu erhöhen. – Jommellis Komposition ist in unterschiedlichen Fassungen überliefert: Die Handschrift der Vatikanischen Bibliothek (I-Rvat, Signatur Capp. Giulia VI 59) enthält jeweils zwei alternativ verwendbare Fassungen der Arien *Jucundus homo* und *Paratum est cor ejus*. Noch bedeutsamer ist aber der Umstand, dass hier die „Beatus vir"-Interpolationen im Satz *Dispersit, dedit pauperibus* (vor der Schlussfuge *Et in saecula*) fehlen.

Diese Textwiederholungen sind anscheinend nur in den Quellen anzutreffen, die auf Giuseppe Sigismondos Abschrift im Conservatorio „S. Pietro a Majella" in Neapel zurückgehen (I-Nc, Signatur Mus.rel.936). – Ob das Ausmerzen der Interpolationen gegen Ende des Stückes eine verordnete oder eine Vorsichtsmaßnahme war, da sich eine im Petersdom erklingende Komposition keine allzu großen Freiheiten in Bezug auf die Textbehandlung erlauben durfte?

Zurück zu Tabelle 2: Mehrteilige Nummern können aus zwei in Tempo, Charakter und Besetzung kontrastierenden Abschnitten bestehen wie am Ende der beiden zitierten Psalmen sowie innerhalb des *Dixit Dominus* (Nr. 3 und 5); dann ist der Anfangsteil in der Regel langsam und der zweite Abschnitt schnell. Auf diese Weise enden die Kompositionen auch regelmäßig mit einem schnellen Teil, an den sich zum letzten Wort „Amen" noch eine plagale Kadenz in großen Notenwerten anschließt. Bei Dreiteiligkeit entsteht in der Regel eine ABA'-Form wie im ersten Satz des *Confitebor tibi*. Nicht ganz so offensichtlich erscheint diese Bogenform im Kopfsatz des *Dixit Dominus*, denn erst im weiteren Verlauf des „Donec ponam"-Abschnitts greift Jommelli jenes Motiv auf, das bereits im Orchestervorspiel eine Rolle als „zweites Thema" gespielt hatte. Durch diese Bezugnahme gewinnt der ausgedehnte Eingangssatz aber auch hier eine Struktur, die ihn der Beliebigkeit einer zusammenhanglosen Reihungsform entzieht.

Ein ungemein häufiges Verfahren, um einer Komposition einen Rahmen zu geben und die Gesamtform auf diese Weise abzurunden, besteht in der Gepflogenheit, Anfang und Ende durch musikalische Bezugnahmen zu verbinden. So greift Jommelli in der Mehrzahl seiner Vesperpsalmen, einschließlich der in Tabelle 2a und b genannten, für das „Sicut erat" der Doxologie auf musikalisches Material vom Beginn der Komposition zurück; die Aussage des Textes („Wie es war im Anfang […]") wird auf diese Weise also ganz wörtlich genommen.

In der Kirchenmusik nicht nur des 18. Jahrhunderts wird die Fuge als traditionellste und zugleich als elaborierteste kontrapunktische Form betrachtet. Auffallend häufig werden Fugen oder fugierte Abschnitte zur Vertonung solcher Texte eingesetzt, in denen die Beständigkeit von Gottes Wort über alle Zeiten hinweg hervorgehoben wird. Denn so wie der Kontrapunkt als Satztechnik von alters her seine Gültigkeit bewahrt hat, gelten Gottes Zusagen an die Menschen für immer und ewig[26]. Deshalb wird z. B. das „Sicut erat" der Doxologie – wenn es nicht, wie erwähnt, als thematische Bezugnahme auf den Anfang des Psalms komponiert wurde – oft in Form einer Fuge vertont. Letzteres trifft bei Jommelli im Psalm *Credidi propter quod* (C.I.8), dem doppelchörigen *Dixit Dominus* in F-Dur (C.I.9) und im *Laetatus sum* (C.I.15) zu, während er im *Beatus vir* in B-Dur (C.I.3) und im *Laudate pueri* in C-Dur (C.I.16) erst den folgenden Halbvers „et in saecula" als Fuge oder zumindest im durchimitierenden Stil einrichtet. Ebenso ist das Schlusswort „Amen" für dieselbe Technik prädestiniert und wird z. B. im Psalm *Confitebor tibi* F-Dur (C.I.5) entsprechend umgesetzt. Schließlich handeln noch andere Textstellen von der andauernden Zusage Gottes, was ihre häufige Vertonung nach fugierter Art zur

---

[26] Vgl. etwa die Textstelle *„Quam olim Abrahae promisisti, et semini ejus"* im Offertorium des Requiems. Eine Vertonung dieses Abschnitts in Form einer Fuge ist geradezu ein Topos.

Folge hat: In allen *Dixit*-Vertonungen von Jommelli gilt dies für die Textstelle „*Tu es sacerdos in aeternum*". – Die meisten seiner Fugen bestehen aus einer den Regeln entsprechenden Themenexposition und mindestens einer zweiten Durchführung. Häufig ist ein beibehaltenes Kontrasubjekt anzutreffen; dabei kommt Jommelli in den Schlussfugen seiner *Laudate pueri*-Vertonungen in B-Dur (Venedig 1746, C.I.17, und Rom 1750, HoJom deest) – beide verwenden dasselbe musikalische Material – zu einer interessanten Lösung, indem er ein Doppelthema bildet, das einerseits aus lang ausgehaltenen Noten besteht (sinnreich zum Text „*et in saecula*"), während das beibehaltene Kontrasubjekt vorwiegend in Viertelbewegung verläuft (vgl. Notenbeispiel 3)[27]. In den letzten Durchführungen seiner Fugen pflegt Jommelli mit Engführungstechniken zu arbeiten.

Die Mehrheit der chorischen Sätze präsentiert sich jedoch im homophonen Stil, der mit imitatorisch oder in lockerer Polyphonie gearbeiteten Abschnitten durchsetzt sein kann (vgl. Notenbeispiele 1 und 2). Bei den für den Petersdom bestimmten Werken fällt auf, dass die Chorsätze häufig in plakativer Homophonie oder in einer eher einfachen (Schein-)Polyphonie geschrieben sind. Dieser Umstand dürfte nicht zuletzt mit den akustischen Verhältnissen in S. Pietro und der häufig praktizierten Coro-spezzato-Aufstellung zusammenhängen, denn dichte Kontrapunktik und schnelle Harmoniewechsel lassen sich bei Nachhall und auf größere Entfernungen kaum realisieren. In Werken mit Orchester beginnen die Chor- und Solonummern regelmäßig mit einem Vorspiel, das sich aus mehreren musikalischen Baugliedern zusammensetzt und Ähnlichkeiten mit der Exposition eines frühen Sinfoniesatzes aufweist (vgl. Notenbeispiel 4).

Das Vorspiel zur Altarie *Qui habitare facit* aus dem achtstimmigen Psalm *Laudate pueri* B-Dur von 1746 lässt die Aneinanderreihung mehrerer Bauglieder gut erkennen: Der erste Abschnitt besteht aus sechs Takten mit einem viertaktigen Anhang, der zur Dominante von g-Moll führt. Der folgende Einschub (Takt 10 Mitte bis Anfang 14) wirkt wie ein kontrastierendes „zweites Thema". Ein neuer Gedanke schließt sich an (Takte 14 Mitte bis Anfang 22), ehe das Vorspiel ab Takt 22 mit einem in der Tonika kadenzierenden Bauteil beendet wird. Mehrere Korrespondenzen zwischen den genannten Gliedern – darunter Sechzehntelgruppen mit Vorschlagnoten, Drei-Achtel-Auftakte und Kadenzwendungen – sorgen ebenso für Zusammenhalt wie die regelmäßigen Wiederholungen von zwei- oder viertaktigen Einheiten. Bis auf das „zweite Thema" kommen alle anderen Bauglieder im weiteren Verlauf des Satzes erneut vor, sei es beim Einsatz der Singstimme, im Verlauf der Arienteile oder als Zwischen- und Nachspiel.

Sämtliche Vesperpsalmen von Jommelli ziehen außer dem vokalen Tutti mindestens eine, meistens mehrere und maximal acht Solostimmen heran. Dabei stehen die Sätze,

---

[27] Das höchstwahrscheinlich zum Fest Peter und Paul im Heiligen Jahr 1750 komponierte *Laudate pueri* B-Dur für acht Solostimmen, vier gemischte Chöre und drei Orgeln bzw. Continuo-Gruppen wurde erst vor einigen Jahren von António Jorge Marques entdeckt. Vermutlich war es das erste Werk überhaupt, das Jommelli in seinem neuen Amt als Coadiutor für die Cappella Giulia geschrieben hat. Inzwischen ist die imposante Komposition in einer vorbildlichen, um die fehlenden Seiten des Anfangs rekonstruierten und mit einem ausführlichen Kommentar versehenen Edition erschienen: Niccolò Jommelli's *Laudate Pueri Dominum* from Biblioteca Nacional de Portugal, hrsg. von A. J. Marques, Lucca 2021 (= Saggi Ruspoli 2).

Notenbeispiel 3: Beginn der Schlussfuge *Et in saecula* aus dem Psalm *Laudate pueri*
B-Dur (Rom [1750], HoJom deest). Die beiden thematischen Gestalten – Liegetöne bei
„*et in saecula*" und Viertel bei „*Amen*" – bilden einen untrennbaren ‚Themenkomplex',
der in verschiedenen Abwandlungen den ganzen Satz beherrscht. Jommelli hatte
dasselbe musikalische Material bereits im entsprechenden Satz seiner *Laudate pueri*-
Vertonung von 1746 (C.I.17) verwendet. – Quelle: P-Ln, FCR 549 (Autograph).

Notenbeispiel 4: Orchestervorspiel der Arie *Qui habitare facit* aus dem Psalm *Laudate pueri* B-Dur (Venedig 1746; C.I.17). Das Stück war der Sängerin Cecilia Nassa zugedacht. – Quelle: I-Nc, Mus.rel.972 (Abschrift von Giuseppe Sigismondo 1773).

in denen alle Gesangskräfte zusammenwirken, üblicherweise am Anfang, im Zentrum und/oder am Ende einer Komposition. Mit ihrer klanglichen Opulenz und ihrem festlichen Glanz oder auch mit ihrer Ausdruckstiefe bilden diese Nummern häufig die Höhepunkte des ganzen Werkes – man denke nur an die beiden imposanten *Laudate pueri*-Vertonungen in B-Dur, an das *Laudate pueri* in C-Dur oder an den Beginn des unvollendet gebliebenen *In convertendo* G-Dur (C.I.14). Nach üblicher Praxis lässt Jommelli die vokalen Gruppen zumeist im Wechsel auftreten und spart ihr Zusammenwirken für Schlüsse oder andere hervorzuhebende Stellen auf. Dabei belegen die Quellen z. B. für das *Laudate pueri* in C-Dur von 1752, dass die Solostimmen auch im Tutti mitzusingen haben, während dies bei den *In convertendo*-Vertonungen von 1751 und 1753 offenbar nicht gewünscht war und bei einem Werk wie dem *Beatus vir* in A-Dur mit seiner anspruchsvollen Solopartie völlig ausgeschlossen ist[28].

Die Arien und Ensembles der hier betrachteten Werke sind mehrheitlich als zweiteilige Kirchenarien gebaut[29]. Obwohl diese Form vom Komponisten keineswegs stereotyp behandelt wird und in stets individuellen Ausprägungen auftritt, lassen sich einige Merkmale definieren, die für die meisten dieser Sätze zutreffen: Am Anfang des ersten Arienteils steht ein relativ festgefügter musikalischer Gedanke („Thema") von vier bis acht oder mehr Takten, der sich nicht selten aus zwei Motiven zusammensetzt und überwiegend syllabisch vorgetragen wird. Ein neues, in sich weniger geschlossenes Motiv führt anschließend zur Dominante (bei Moll-Stücken: zur Tonikaparallele) und leitet in einen längeren Abschnitt über, der durch Koloraturen, Sprünge und diverse Verzierungen geprägt ist und dabei u. a. mit Sequenzbildungen arbeitet. Das Ende von Teil I kadenziert in der neuen Tonart. Teil II beginnt mit dem Anfangsthema in der Dominante bzw. Tonikaparallele, manchmal aber auch schon wieder in der Tonika. Das anschließende Motiv erscheint gegenüber dem Beginn verändert, ebenso der folgende Abschnitt mit seinen Koloraturen. Ehe der Satz in der Tonika endet, ist im Regelfall eine Solokadenz vorgesehen. Die im Notenbeispiel 5 wiedergegebene Arie *Qui habitare facit* aus dem *Laudate pueri* in C-Dur von 1752 lässt die genannten Eigenschaften gut erkennen:

Das Anfangsthema besteht aus zwei Motiven mit der Gliederung abb' (6+4+4 Takte)[30]. Der anschließende Gedanke moduliert zur Dominante D-Dur, und in Takt 20 beginnt der Koloraturen-Abschnitt. Das Ende des ersten Arienteils ist eigentlich schon in Takt 37 erreicht, doch lässt Jommelli hier noch eine längere, aus mehreren Motiven bestehende Schlussgruppe folgen, so dass das tatsächliche Ende erst in Takt 54 eintritt. Eine Überleitung des Basses führt zum zweiten Arienteil, der in Takt 55 bereits wieder in der Tonika G-Dur beginnt. Aus dem Anfangsthema werden nur

---

[28] Beim *Laudate pueri* C-Dur zeigen Stichnoten in den überlieferten Partituren an, dass die Solisten auch das Tutti verstärken, während bei den *In convertendo*-Vertonungen an den entsprechenden Stellen Pausen stehen. Im ersten Satz von *Beatus vir* gibt es zwei Abschnitte, wo der Solosopran über dem Tutti einen langen Ton auszuhalten hat (Takte 163–166 und 174–178) und folglich gar nicht im Chor mitsingen könnte.

[29] Zu diesem Satztyp vgl. W. Hochstein, Stil und Form in der Kirchenmusik, in: Geschichte der Kirchenmusik, Teilbd. 2, hrsg. von dems. und Chr. Krummacher, Laaber 2012 (= Enzyklopädie der Kirchenmusik 1/2), S. 204–215, bes. S. 212–214. Der Formablauf entspricht ungefähr dem A-Teil einer Da-capo-Arie.

[30] Die Gliederung abb' ist übrigens auch für Themenbildungen von Johann Adolf Hasse sehr typisch.

die ersten sechs Takte wörtlich übernommen (Motiv a), während Motiv b in einer starken Variante auftritt. Bei überwiegend neuem musikalischem Material ist der weitere Formverlauf ähnlich wie im ersten Arienteil, wobei die Fermaten ab Takt 89 hier für eine besondere Hervorhebung der Worte *„matrem filiorum"* sorgen. Im vorletzten Takt ist eine Solokadenz vorgesehen.

Arien und Ensembles mit Orchesterbesetzung haben Vor-, Zwischen- und Nach-spiele in der bereits erörterten Art (vgl. die Erläuterungen zu Notenbeispiel 4). Als weitere Beispiele für zweiteilige Arien mit Orchester können die Sätze *Exortum est in tenebris, Dispersit, dedit pauperibus* und *Gloria Patri* aus dem *Beatus vir* in A-Dur dienen. Von beeindruckender Wirkung ist hier im Satz *Dispersit* die Hinzuziehung des Chores jeweils am Ende der Arienteile. – Ebenfalls erwähnt sei die Arie *Virgam virtutis* aus dem doppelchörigen *Dixit Dominus* in F-Dur. Aus dieser Komposition ragen aber insbesondere die beiden großen Ensembles hervor: das Quartett *Tecum principium* für vier Soprane und das Sextett *Dominus a dextris tuis* für drei Soprane, Alt und zwei Tenöre. Hier zeigt Jommelli auf imponierende Weise, wie virtuos er nicht nur mit den Singstimmen, sondern auch mit dem zweiteiligen Formmodell umgehen kann. Da die genannten Psalmen in einer neuen Edition vorliegen[31], erübrigen sich an dieser Stelle weitere Notenbeispiele.

Die Vertonung der unveränderlichen Texte von Messe, Hymnen, Psalmen und anderen kirchenmusikalischen Gattungen hat Komponisten aller Generationen immer wieder vor die Herausforderung gestellt, innerhalb der liturgischen Vor-schriften und im Rahmen gewisser Normen etwas Neues schaffen zu müssen. Jommelli hat sich bei seinen Vesperpsalmen dieser keineswegs leichten Aufgabe gestellt, indem er einerseits manchen Vertonungskonventionen folgt und entspre-chende Hörererwartungen erfüllt. Zu den Konventionen gehören insbesondere meh-rere bildliche Umsetzungen des Textes: eine sich aufrichtende Melodielinie mit quirliger Instrumentalbegleitung zum Vers *„De torrente in via bibet : propterea exal-tabit caput"* (*Dixit Dominus* G-Dur, C.I.11), lang ausgehaltene Töne zu *„in aeternum"* bzw. *„manet in saeculum saeculi"* (*Confitebor tibi* F-Dur, C.I.5), anbetungsvolles Pa-thos neben schroffer Rhythmik zu *„Sanctum et terribile"* (*Confitebor tibi* F-Dur und A-Dur, C.I.7), schnelle Wiederholungsfiguren, Pausen und abstürzende Sprünge zu *„dentibus suis fremet et tabescet : desiderium peccatorum peribit"* (*Beatus vir* A-Dur) und Ähnliches mehr. Der Anfang der Kleinen Doxologie (*„Gloria Patri"*) ist immer langsam und feierlich, während Jommelli der Textstelle *„Suscitans a terra"* (*Laudate pueri* B-Dur, C.I.17) einen mitreißenden Schwung verliehen hat.

Darüber hinaus bestechen die Werke durch ihre formalen Dispositionen im Großen wie im Detail und bei Kompositionen mit Orchester außerdem durch eine instrumentengerechte Schreibweise. Allen Stücken zu eigen ist eine beträchtliche Klangschönheit, ein hoher sängerischer Anspruch in den solistischen Partien und eine unmittelbare Wirkung auf die Zuhörer. Dies alles macht Jommellis Vesper-psalmen zu einer Musik, deren Wiederentdeckung für kirchenmusikalische Praxis und Konzert sich unbedingt lohnt.

---

[31] Vgl. die in Anm. 25 genannte Ausgabe.

Notenbeispiel 5: Arie *Qui habitare facit* aus dem Psalm *Laudate pueri* C-Dur (Rom 1752; C.I.16). – Quellen: I-Rvat, Capp.Giulia VI=61; I-Nc, Mus.rel.971 (Abschrift von Giuseppe Sigismondo 1775).

Notenbeispiel 5 (Fortsetzung)

Opernmusik als Kirchenmusik?
Zur Parodiepraxis in der Herrnhuter Brüdergemeine*

Maryam Haiawi

Die Musikpraxis der Herrnhuter Brüdergemeine hat bislang noch zu wenig Aufmerksamkeit in der Musikwissenschaft erfahren. Entgegen der verbreiteten Annahme, die ganz auf das Gemeinschaftsleben der Herrnhuter ausgerichteten Aufführungskontexte und Repertoires böten keine Anknüpfungspunkte an übergreifende musikwissenschaftliche Fragen, lässt sich die brüderische Musik in vielerlei Hinsicht in weitreichenden musikkulturellen Zusammenhängen verorten, beispielsweise hinsichtlich ihrer in großem Stil betriebenen Parodiepraxis. Zunächst wurde das musikalische Repertoire der 1722 von Graf Nikolaus Ludwig von Zinzendorf in der Oberlausitz gegründeten und sich innerhalb weniger Jahrzehnte international ausbreitenden Gemeinschaft noch ausschließlich von Gemeinmitgliedern komponiert. Seit den 1760er Jahren jedoch gewannen zeitgenössische Vokal- und Instrumentalwerke nicht-brüderischer Provenienz an Bedeutung[1]. Für die brüderischen Gottesdienste wurden einzelne Sätze sowohl aus geistlichen Vokalwerken wie Oratorium und Messe als auch aus weltlichen Stücken wie Oper, Kantate und Schauspielmusik neutextiert und zumeist zusätzlich musikalisch bearbeitet. Diese Form der Parodiepraxis war in dieser Zeit weniger singulär, als es auf den ersten Blick erscheinen mag. Vielmehr folgten die Herrnhuter hierin einem zeitgenössischen Usus. So erlebte die Parodie in der Kirchenmusik ab dem späten 18. Jahrhundert eine neue Blüte, insbesondere in süddeutschen, österreichischen und innerschweizerischen Klöstern, in denen neben geistlicher Musik vorzugsweise Opernarien und -chöre zu Sätzen für Messe und Offizium umtextiert wurden. Voraussetzung dafür war, dass seit der Mitte des 18. Jahrhunderts die bis dahin getrennten Stilarten für Kirchen-, Kammer- und Theatermusik[2] sich zunehmend vermischten[3]. Bearbeitet wurden einerseits Oratorien von Georg Friedrich Händel

---

* Der vorliegende Beitrag ist die überarbeitete Fassung eines Vortrags, der am 24. September 2022 beim Sektionstreffen Musikwissenschaft im Rahmen der 124. Generalversammlung der Görres-Gesellschaft in Aachen gehalten wurde.

[1] Vgl. A. Waczkat, „Bricolage" in der Kantatenpraxis der Brüdergemeinen zwischen 1760 und 1850, in: 250 Jahre Unitätsarchiv. Beiträge zur Jubiläumstagung vom 28. bis 29. Juni 2014, hrsg. v. C. Mai / R. Kröger / D. Meyer (= Unitas Fratrum 28), Herrnhut 2017, S. 287–298, hier S. 287.

[2] Vgl. die Beschreibung der einzelnen Stilarten bei J. J. Fux, Gradus ad Parnassum, Wien 1725, Faksimile-Druck, hrsg. v. A. Mann, Graz u. a. 1967 (= Sämtliche Werke: Serie VII, Bd. 1), S. 242–279 und J. Mattheson, Der vollkommene Capellmeister, Hamburg 1739, S. 68–93 (Kap. 10: Von der musicalischen Schreibart).

[3] Vgl. N. Schwindt-Gross, Parodie um 1800. Zu den Quellen im deutschsprachigen Raum und ihrer Problematik im Zeitalter des künstlerischen Autonomie-Gedankens, in: Die Musikforschung 41 (1988), S. 16–45, hier S. 38.

und Joseph Haydn, andererseits Opern von Wolfgang Amadeus Mozart, Antonio
Salieri, Carl Ditters von Dittersdorf, Pasquale Anfossi, Domenico Cimarosa, Giovanni Paisiello, Baldassare Galuppi, Johann Gottlieb Naumann und Johann Chris-
tian Bach[4]. Während die weltlich-geistlichen Parodien in Kirchen und Klöstern
vorrangig ästhetisch und pragmatisch motiviert waren – ausschlaggebend waren
Zugänglichkeit, Popularität und musikalische Qualität des Repertoires[5] –, selek-
tierten und transformierten die Herrnhuter die Musik primär nach Kriterien des
Stils und des Ausdrucks. Gleichermaßen waren sie bestrebt, an der allgemeinen
Musikentwicklung Anteil zu haben, wie die Rezeption zeitgenössischer populärer
Komponisten und deren Werke zeigt. Erstaunlich ist die umfangreiche brüderische
Parodiepraxis insofern, als die Gemeinleitung zunächst auf eine Abwehr äußerer
Einflüsse auf das Gemeinleben bedacht war. Insbesondere die Rezeption damals
beliebter Opernmusik für gottesdienstliche Zwecke schaffte Konflikte[6]. Folglich
bestand in der Herrnhuter Brüdergemeine – ähnlich wie in den großen Konfes-
sionskirchen – ein Spannungsverhältnis zwischen Vorgaben und Praxis. Der im-
mense Umfang nicht-brüderischer Musik verdeutlicht aber, dass die Offenheit, die
in der Herrnhuter Musikkultur herrschte, Restriktionen und Einschränkungen in
den Hintergrund treten ließ.

Wie die Herrnhuter zeitgenössische populäre Opernmusik ihren musikprak-
tisch-religiösen Bedürfnissen anpassten, wird im Folgenden anhand ihrer Bearbeitungen von Opernsätzen Carl Heinrich Grauns, Johann Adolph Hasses und Wolfgang Amadeus Mozarts gezeigt. Im Fokus stehen zwei parodierte Fassungen von
Hasses Arie *In te spero o sposo amato* aus seiner Oper *Demofoonte*, eine Bearbeitung
von Mozarts Duett- und Chorsatz *Secondate, aurette amiche* aus seinem Drama
giocoso *Così fan tutte* und eine Parodiefassung des Knabenchors *Bald prangt, den
Morgen zu verkünden* bzw. *Zwei Herzen, die von Liebe brennen* aus dem Finalsatz

---

[4]   Vgl. Schwindt-Gross, S. 16–45; G. Hanke Knaus, „Theaterstyl" und „Kirchenstyl". Zur Kontrafak-
turpraxis in den kirchenmusikalischen Zentren der Innerschweiz, in: Musik aus Klöstern des Al-
penraums. Bericht über den Internationalen Kongress an der Universität Freiburg (Schweiz), 23.
bis 24. November 2007, hrsg. v. G. Castellani, Bern 2010 (= Publikationen der Schweizerischen
Musikforschenden Gesellschaft II/55), S. 71–84; P. Ross/A. Traub, Die Kirchenmusik von Johann
Christian Bach im Kloster Einsiedeln, in: Fontes Artis Musicae 32/2 (1985), S. 92–102; K. G. Fellerer,
Mozart-Überlieferungen und Mozart-Bild um 1800, in: Mozart-Jahrbuch 1955, S. 145–153, hier S. 152;
M. Flothius, Mozart bearbeitet und variiert, parodiert und zitiert, in: Mozart-Jahrbuch 1980–83,
S. 196–207, hier S. 198.

[5]   Schwindt-Gross, S. 20 f., 38; Hanke Knaus, S. 75.

[6]   A. Hartmann, Anmerkungen zu Johann Gottlieb Naumanns Kompositionen für die Herrnhuter
Brüdergemeine, in: Johann Gottlieb Naumann und die europäische Musikkultur des ausgehenden
18. Jahrhunderts, hrsg. v. O. Landmann/H.-G. Ottenberg (= Bericht über das Internationale Sym-
posium vom 8. bis 10. Juni 2001 im Rahmen der Dresdner Musikfestspiele 2001), Hildesheim u. a.
2006, S. 197–208, hier S. 199–201; A. Wehrend, Musikanschauung, Musikpraxis, Kantatenkomposi-
tionen in der Herrnhuter Brüdergemeine. Ihre musikalische und theologische Bedeutung für das
Gemeinleben von 1727 bis 1760, Frankfurt a. M. 1995, S. 160; S. Reventlow, Weltmusik, Kirchenmusik
und Gemeinmusik. Über die liturgische Musik der Herrnhuter, in: Aufklärung und Pietismus im
dänischen Gesamtstaat 1770–1820, hrsg. v. H. Lehmann/D. Lohmeier, Neumünster 1983 (= Kieler
Studien zur deutschen Literaturgeschichte 16), S. 169–189, hier S. 185 f.

von Mozarts Singspiel *Die Zauberflöte* (21. Auftritt: Die drei Knaben und Pamina). An diesen Beispielen lässt sich besonders gut veranschaulichen, in welcher Weise die extremen Bearbeitungsstrategien neben aufführungspraktischen Erwägungen mit der brüderischen Religions- und Musikauffassung in Zusammenhang standen. Vorab werden die Prinzipien und Merkmale der Musikpraxis in der Herrnhuter Brüdergemeine vorgestellt, auf deren Basis die Besonderheiten der brüderischen Parodiepraxis zu verstehen sind.

I. Prinzipien und Merkmale der Musikpraxis in der Herrnhuter Brüdergemeine

Die Musikpraxis in der Herrnhuter Brüdergemeine gründet auf einer untrennbaren Verbindung von Glaubens- und Musikauffassung und den daraus resultierenden Normen für Repertoire und Spielweise. Musikauswahl und Aufführungspraxis waren zudem abhängig von den spezifischen Musizieranlässen im Gemeinleben, für die bestimmte Gattungen und Besetzungen präferiert wurden. Weiterhin standen Repertoire und Musikpraxis mit der semiprofessionellen Instrumental- und Gesangsausbildung der Herrnhuter in Zusammenhang. Diese erreichte einen hohen Qualitätsgrad, war aber nicht auf eine ausschließliche Musikertätigkeit ausgerichtet.

Musik stellte eine elementare Ausdrucksform der pietistisch geprägten Herrnhuter Herzensfrömmigkeit[7] dar. Zinzendorf propagierte ein schlichtes, von der Komplexität theologischer Dogmen sowie von Ängsten und Zwängen befreites, von ungebrochener Freude, Heiterkeit, Gelassenheit und Glückseligkeit getragenes Glaubensleben[8]. Dementsprechend war die Musik darauf ausgerichtet, die idealiter freudvolle, optimistische Gestimmtheit der Herrnhuter zu festigen. Die angestrebte Wirkung der Musik auf das glaubende Subjekt, nämlich Herz und Gemüt zu bewegen und die innere Erbauung zu befördern[9], war ihrer traditionellen liturgischen Funktion, Medium von Gotteslob und Verkündigung zu sein[10], folglich übergeordnet. Vergleichbare Funktionsverschiebungen lassen sich auch in der lutherisch-protestantischen Kirchenmusik des späten 18. Jahrhunderts beobachten, wie die Kirchenmusikanschauungen von beispielsweise Johann Adolph Scheibe, Johann Joachim Quantz, Johann Friedrich Doles und Johann Adam Hiller zeigen[11]; bei den Herrnhutern waren sie aber besonders stark ausgeprägt.

---

[7] H.-C. Hahn, Theologie, Apostolat und Spiritualität der evangelischen Brüdergemeine, in: Unitas Fratrum 1975, S. 287–314, hier S. 287.

[8] Hans Schneider, Art. Zinzendorf, Nikolaus Ludwig von (1700–1760), in: Theologische Realenzyklopädie, Bd. 36, hrsg. v. G. Müller / H. Balz / J. K. Cameron u. a., Berlin 2004, S. 691–697, hier S. 694; Hahn, S. 295 f.

[9] Vgl. P. J. Spener, Erste Geistliche Schriften, 2. Teil, Frankfurt a. M. 1699, S. 22.

[10] E. Dremel, Musik und Theologie, in: Die Musik in der Kultur des Barock, hrsg. v. B. Jahn, Laaber 2019 (= Handbuch der Musik des Barock, Bd. 7), S. 23–75, hier S. 46–52.

[11] Vgl. F. Krummacher, Geistliche Musik als ästhetisches Problem, in: Das 19. und frühe 20. Jahrhundert. Historisches Bewusstsein und neue Aufbrüche, hrsg. v. W. Hochstein / C. Krummacher, Laaber 2013 (= Geschichte der Kirchenmusik, Bd. 3), S. 16–23, hier S. 16 f.

Im Zentrum des brüderischen Gemeinlebens stand der gemeinschaftliche Gesang, der langsam, würdevoll, schlicht und sanft sein sollte[12]. Darin spiegelten sich Merkmale eines verbreiteten zeitgenössischen Stilempfindens der Empfindsamkeit wider[13], die auch die Kirchenmusik berührten, wenn etwa Einfachheit, Andacht und Würde zu zentralen Kriterien von Komposition und Aufführungspraxis geistlicher Musik avancierten[14]. Was diese Merkmale aber zu Kennzeichen brüderischer Musik machte, war deren Deutung als direktes Spiegelbild „echte[r] Glaubensempfindung"[15]. Die unmittelbare, distanzlose Gleichsetzung zeitgenössischer ästhetischer Prinzipien des Natürlichen und Einfachen mit religiösen Überzeugungen und Gefühlen bestand in protestantischen Musikdiskursen der Zeit nicht in dieser Radikalität.

Ein weiterer wichtiger Punkt ist, dass in der Herrnhuter Brüdergemeine die stilistisch gesetzten Grenzen nicht nur für gottesdienstliche Musik galten, sondern für alle Bereiche des musikalischen Lebens, da geistliche und weltliche Musik weder funktional noch stilistisch voneinander getrennt waren. Zwischen kirchlichen und außerkirchlichen Lebensbereichen wurde nicht geschieden[16], vielmehr galt jegliches Tun als liturgisches, Gott geweihtes Tun[17]. Alle Musikdarbietungen waren in der totalen brüderischen Kirchen- und Sozialstruktur aufgehoben[18]. Opernmusik konnte folglich durchaus rezipiert werden, sofern sie den stilistischen Normen entsprach und imstande war, die angestrebte frohe und heitere Stimmung zu erzeugen.

Das in der Brüdergemeine verwendete Repertoire musste zudem auf die spezifischen Gottesdienstformen, Besetzungsmöglichkeiten und -konventionen der Herrnhuter hin geschaffen bzw. selektiert und transformiert werden. Zinzendorf

---

[12] Vgl. W. Blankenburg, Die Musik der Brüdergemeine in Europa, in: Unitas Fratrum 1975, S. 351–386, hier S. 376.

[13] Vgl. K. Mackensen, Simplizität. Genese und Wandel einer musikästhetischen Kategorie des 18. Jahrhunderts, Kassel u. a. 2000.

[14] J. A. Scheibe, Critischer Musicus, Neue, vermehrte u. verbesserte Auflage, Leipzig 1745, S. 166; Mattheson, S. 83, § 67 u. S. 234, § 140; vgl. auch F. Krummacher, S. 17.

[15] Blankenburg, S. 373.

[16] N. R. Knouse, The Collegia Musica: Music of the Community, in: The Music of the Moravian Church in America, hrsg. v. N. R. Knouse, Rochester 2008, S. 189–211, hier S. 189–191.

[17] Reventlow, S. 173.

[18] Der von dem französischen Soziologen, Ethnologen und Religionswissenschaftler Marcel Mauss geprägte Begriff des totalen sozialen Phänomens bezieht sich auf soziale Strukturen, in welchen religiöse, rechtliche, moralische, politische, ökonomische und ästhetische Aspekte in einem aufgehoben sind. M. Mauss, Soziologie und Anthropologie, Bd. 2: Gabentausch – Soziologie und Psychologie – Todesvorstellung – Körpertechniken – Begriff der Person, München / Wien 1975, S. 12. Auf die totale Sozialstruktur der Herrnhuter Brüdergemeine würde ebenso der von dem Soziologen Lewis A. Coser geschaffene Begriff der „gierigen Institution" zutreffen, die laut seiner Definition „totale Ansprüche an ihre Mitglieder" stellt und deren „exklusive[s] und ungeteilte[s] Engagement" fordert. L. A. Coser, Gierige Institutionen. Soziologische Studien über totales Engagement. Mit einem Nachwort von M. Egger de Campo, Berlin 2015, S. 14. Der Zusammenhalt einer derartigen Institution werde aber „nicht durch äußere Zwänge" geschaffen, sondern beruhe auf „freiwilliger Fügsamkeit". Ebd., S. 16.

etablierte in der brüderischen Gemeinschaft als zentrale gottesdienstliche Versammlungsformen die Singstunde, das Liebesmahl und die Liturgie[19]. Insbesondere im Rahmen des Liebesmahls, in welchem die Musik im Zentrum stand[20], erklangen neben Gemeindeliedern auch Motetten und Kantaten in vokal-instrumentaler Besetzung[21]. Daneben boten zahlreiche Feste kontinuierlich Musizieranlässe, schließlich wurde bei der Arbeit oder in der Freizeit musiziert[22]. Es existierten mehrere Musikgruppen, die für die verschiedenen musikalischen Belange des Gemeinlebens zuständig waren: gemischte Chöre, Collegia musica, Bläserchöre und weitere kleinere Instrumentalensembles[23]. Um ein funktionierendes Musikleben in der Brüdergemeine zu gewährleisten, war für steten musikalischen Nachwuchs Sorge zu tragen. In den Schulanstalten der Ortsgemeinen wurde daher Musikunterricht erteilt[24].

Die Frage nach dem „Warum" der Parodiepraxis erklärt sich teils aus der institutionellen Eingliederung der Musik in das Gemeinleben. Trotz ihres hohen Stellenwertes besaßen die brüderischen Musiker keine Möglichkeit zu hauptamtlicher professioneller Musikausübung, da in der Ordnungsstruktur der Gemeinschaft nicht vorgesehen war, dass sich musikkompetente Gemeinmitglieder ausschließlich der künstlerisch-pädagogischen Arbeit widmeten. Vielmehr war die musikalische Tätigkeit eine von vielen anderen[25]. Doch war wegen der vielfältigen Musizieranlässe der Repertoirebedarf enorm und konnte durch brüderische Kompositionen allein vermutlich nicht immer gedeckt werden. Somit war die Rezeption von Musik nicht-brüderischer Provenienz erforderlich, wollte man vokal-instrumentale Werke regelmäßig zu Gehör bringen. Das bedeutet dennoch nicht, die brüderische Rezeption fremder Musik allein durch „äußere Notwendigkeiten bestimmt"[26] zu verstehen. So steht die Öffnung für nicht-brüderische Musik in zeitlichem Zusammenhang mit inhaltlich-theologischen sowie organisatorisch-verfassungsmäßigen Modifikationen der Brüdergemeine nach Zinzendorfs Tod 1760[27]. Im Rahmen dieser Wandlungsprozesse wurde innerhalb der Gemeinschaft offen-

---

[19] H.-W. Erbe, Zur Musik in der Brüdergemeine, in: Unitas Fratrum 1977, S. 46–74, hier S. 48 f.; Blankenburg, S. 361, 373; N. Schatull, Die Liturgie in der Herrnhuter Brüdergemeine Zinzendorfs, Tübingen 2005, S. 55–57; D. Meyer, Zinzendorf und die Herrnhuter Brüdergemeine. 1700–2000, (Neuausgabe) Göttingen 2009, S. 27 f.

[20] Vgl. Zinzendorf am 8. November 1752. Jüngerhausdiarium, zit. in: O. Uttendörfer, Zinzendorfs Gedanken über den Gottesdienst, Herrnhut 1931, S. 52.

[21] Reventlow, S. 174; Blankenburg, S. 375; Erbe, Zur Musik in der Brüdergemeine, S. 52.

[22] Erbe, Zur Musik in der Brüdergemeine, S. 51.

[23] Wehrend, Musikanschauung, S. 54–58; Blankenburg, S. 379; Knouse, S. 189–196.

[24] Vgl. Wehrend, Musikanschauung, S. 60–72; dies., Das „Handbuch bey der Music-Information" von Johann Daniel Grimm. Zur Konzeption des Musikunterrichts in der Brüdergemeine des 18. Jahrhunderts, in: Unitas Fratrum 36 (1994), S. 63–85. Zum Schulwesen der Herrnhuter im Allgemeinen vgl. H.-W. Erbe, Erziehung und Schulen der Brüdergemeine, in: Unitas Fratrum 1975, S. 315–349.

[25] Vgl. Erbe, Zur Musik in der Brüdergemeine, S. 52 f., 58 f.; Hartmann, S. 198 f.; P. Haughe, Musiksamlingen i Christiansfeld, in: Custos, 4/2015, S. 5–9, hier S. 5 f.

[26] Vgl. Waczkat, S. 297 f.

[27] Zur Neustrukturierung der Brüdergemeine nach 1760 vgl. Meyer, S. 63–70; Waczkat, S. 289.

bar ein höherer musikalischer Anspruch geltend gemacht als zuvor, der sich im Streben nach einer stärkeren Anbindung an die zeitgenössische Vokal- und Instrumentalmusik und nach einer Erweiterung des vorhandenen Repertoires äußerte.

II. Geistliche Parodien von Chören und Arien aus Opern Carl Heinrich Grauns, Johann Adolph Hasses und Wolfgang Amadeus Mozarts

Aufgrund der außerordentlichen Fülle der international verbreiteten Musikquellen in Herrnhuter Archiven und der noch unabgeschlossenen Systematisierung und Identifizierung von Werken und deren Autorschaft lässt sich zum jetzigen Zeitpunkt der genaue Anteil nicht-brüderischer Werke im Gesamtrepertoire der Herrnhuter nicht bestimmen. Häufig verweigern sich die Quellen auch einer genauen Rekonstruktion ihrer Vorlagen. Erstens werden die Autoren der Originalwerke nicht immer genannt und zweitens variiert der Grad der Bearbeitung so stark, dass die Grenzen von Bearbeitung bzw. Parodie zu Paraphrase und Neuschöpfung verfließen. Dennoch steht außer Frage, dass fremde Kompositionen einen wesentlichen Anteil der brüderischen Musik ausmachten. Repertoirewahl und Bearbeitungstechniken waren dabei auf die brüderischen religiös-ästhetischen Ideale der Simplizität, Gravität und Milde ausgerichtet, virtuose und polyphone Musik sollten dagegen ausgeklammert bleiben. Diese Prinzipien galten sowohl für die Rezeption geistlicher als auch weltlicher Werke. Im Bereich der Parodie geistlicher Musik lag ein Schwerpunkt auf Messen von Mozart und Haydn zum einen und Oratorien von Händel, Hasse und Rolle zum anderen. In Bezug auf Opernbearbeitungen standen die Komponisten Graun, Hasse und Mozart im Vordergrund (siehe Tabelle 1)[28]. Die Art der Parodie reichte von Neutextierungen unter Beibehaltung des musikalischen Satzes bis hin zu extremen Veränderungen sowohl der musikalischen Grundstruktur und Dramaturgie als auch einzelner Parameter wie Tempo und Besetzung, wie im Folgenden gezeigt wird[29].

---

[28] Die in Tabelle 1 aufgeführten Musikquellen des Unitätsarchivs Herrnhut dürfen als repräsentativ für die Adaptionspraxis nicht-brüderischer Musik im 18. Jahrhundert gelten, da sie den Gemeinorten des mitteldeutschen und schlesischen Raums entstammen (Herrnhut, Gnadau, Niesky, Gnadenfeld, Ebersdorf, Gnadenfrei, Neudietendorf, Kleinwelka), von wo die Adaption und internationale Verbreitung der Herrnhuter Musikpraxis ihren Ausgang nahm. Vgl. M. Haiawi, Das Oratorium als konfessionelles Bekenntnis? Interkonfessioneller Austausch von Oratorien im 18. Jahrhundert, Paderborn 2023 (= Beiträge zur Geschichte der Kirchenmusik 24), S. 541 f., 556 f.; dies., „Die Musikpraxis der Herrnhuter Brüdergemeine in globalgeschichtlicher Perspektive – Kirchenmusik als nationales oder globales Phänomen?" Vortrag auf der Jahrestagung der Gesellschaft für Musikforschung, Bonn 2021 (Fachgruppen-Symposium Kirchenmusik: „Kirchenmusik im 19. Jahrhundert in globalgeschichtlicher Perspektive"). Publikation in Vorbereitung.

[29] Besetzungsänderungen als Anpassung an Aufführungsbedingungen waren in der Parodiepraxis allgemein üblich, auch in derjenigen von Klöstern. Vgl. Schwindt-Gross, S. 29.

	Liturgische Musik	Lied, Motette, Chor	Oratorium, Kantate	Musiktheater, Schauspielmusik
Mozart	Ave verum; C-Dur Krönungsmesse; F-Dur-Messe KV 186f; Miserere Cordias Domino; Requiem; Te Deum		Freimaurerkantate KV 623	Cosí fan tutte; Die Entführung aus dem Serail; Die Zauberflöte; Don Giovanni; Idomeneo, re di Creta; La Clemenza di Tito; Thamos, König in Ägypten
Haydn	Cäcilienmesse; Deutsche Messe; Harmoniemesse; Heiligmesse; Mariazellermesse; Nelsonmesse; Nikolaimesse; Paukenmesse; Schöpfungsmesse; Stabat mater; Te Deum	Danklied zu Gott; Der Sturm	Die Jahreszeiten; Die Schöpfung; Die sieben letzten Worte unseres Erlösers am Kreuze; Il Ritorno di Tobia	
Händel	The King shall rejoice; Funeral Anthem for Queen Caroline; Te Deum; Jubilate		Alexanderfest; Belshazzar; Jephtha; Joshua; Judas Maccabaeus; Messias; Samson; Saul; Carco sempre di Gloria; Cecilia volgo un sguardo	

	Liturgische Musik	Lied, Motette, Chor	Oratorium, Kantate	Musiktheater, Schauspielmusik
Hasse	Te Deum		I Pellegrini al Sepolcro di Nostro Signore; La Caduta di Gerico; La Conversione di Sant'Agostino; La Deposizione dalla Croce; Sant'Elena al Calvario; Sanct Petrus et Magdalena	Demofoonte; La Spartana generosa; Leucippo
Graun	Messe; Te Deum	Auferstehn, ja auferstehn; Herr, ich habe lieb die Stätte deines Hauses; Lasset uns aufsehn auf Jesum; Lasset uns freun und fröhlich sein; Selig sind, die zu dem Abendmahl des Lammes berufen sind	Der Tod Jesu; Ein Lämmlein geht und trägt die Schuld; Kommt her und schaut	Artaserse; Britannico; Catone in Utica; Cinna; Coriolano; Cesare e Cleopatra; Demofoonte; Fetonte; Ifigenia in Aulide; L'Europa galante; Leucippo; Lucio Papirio; Silla
Rolle		Der Friede Gottes, welcher höher ist; Der Herr behüte dich vor allem Übel; Der Herr ist König des freue sich das Erdreich; Die Güte des Herrn ist's, daß wir nicht gar aus sind; Herr, dessen Weisheit ewig ist; Nun danket alle Gott; Uns ist ein Kind geboren; Vor Tausenden sind wir beglückt; Wenn ich, o Schöpfer, deine Macht; Wie herrlich bist du Gott	Abraham auf Moria; Davids Sieg im Eichthale; Der Tod Abels; Die Befreiung Israels; Die Opferung Isaacs; Gott, der Herr ist Sonn' und Schild; Lazarus; Mehala, die Tochter Jephta; Saul; Thirza und ihre Söhne	Hermanns Tod

Tabelle 1: Herrnhuter Abschriften und Bearbeitungen geistlicher und weltlicher Vokalmusik von W. A. Mozart, J. Haydn, G. F. Händel, J. A. Hasse, C. H. Graun und J. H. Rolle im Unitätsarchiv Herrnhut.

1. Parodien von Opernsätzen Carl Heinrich Grauns

Die geringfügigsten Veränderungen liegen bei den Parodien von Chor- und Ariensätzen aus Opern Carl Heinrich Grauns vor. Die von den Herrnhutern rezipierten Chorsätze aus *Catone in Utica, Artarserse, Cesare e Cleopatra, L'Europa galante* und *Coriolano* wurden unverändert übernommen sowie neutextiert. Das Duett aus *Artaserse* weicht vom ursprünglichen Notentext nur wenig ab: Zu beobachten sind an einzelnen Stellen rhythmische Glättungen, vereinfachte Stimmführungen und Taktstreichungen (vgl. D-HER: Mus. L 120:1). Offensichtlich bestand in technischer und stilistischer Hinsicht keine Notwendigkeit der Bearbeitung. Denn bei den Vokalchören handelt es sich überwiegend um homophone Sätze in schlichter Faktur mit einfacher Harmonik, kantabler Melodik und eingängiger Motivik. Sie haben durchweg einen heiteren, gefälligen Charakter in gemächlicher oder beschwingter Bewegung. Es ist der von Zeitgenossen wie Christoph Daniel Ebeling, Johann Philipp Kirnberger, Johann Friedrich Reichardt und Johann Adam Hiller bis zum Ende des 18. Jahrhunderts als anmutig, sanft und rührend bewunderte Stil des Berliner Hofkapellmeisters Carl Heinrich Graun[30], der die Herrnhuter anzog, weil er ihren religiös-ästhetischen Maximen entsprach. Zum Teil ist die Stimmführung zwar sehr bewegt und reich an spielerischen Figuren, doch verfügten die Herrnhuter an den Orten, an denen diese Bearbeitungen zur Aufführung kamen, offensichtlich über ausreichend qualifizierte Sänger. Zudem interpretierten sie die lebhafte Musik offenbar als fröhlichen Glaubensausdruck und nicht als veräußerlichte Virtuosität, die in Widerspruch zu ihren Normen gestanden hätte.

Die brüderische Graun-Rezeption steht zudem im Kontext einer weiten handschriftlichen Verbreitung und schichtenübergreifenden Bedeutung der graunschen Musik im späten 18. Jahrhundert. Für Zeitgenossen wie Johann Adolph Scheibe repräsentierte Graun – gemeinsam mit Hasse – den modernen, melodiebetonten Stil[31]. Einzelsätze seiner Opern lagen seit 1773/1774 in Sammelbänden, den *Duetti, Terzetti, Quintetti, Sestetti ed alcuni Chori* (4 Bde.) vor. Diese trugen zur damaligen Verbreitung und Beliebtheit der Musik des Kapellmeisters Friedrichs des Großen wesentlich bei und wurden als Vorlagen für Abschriften sowie Bearbeitungen genutzt[32]. Höchstwahrscheinlich erstellten auch die Herrnhuter ihre Abschriften aus den vorliegenden Drucken. Die brüderische Graun-Rezeption lag folglich ganz im Trend der Zeit, überdauerte diesen aber, da sich ihre Musik „anders als die bürgerliche Musikkultur des 19. Jahrhunderts nicht dem Bildungsanspruch des Historismus

---

[30] Vgl. C. Henzel, Berliner Klassik. Studien zur Graun-Überlieferung im 18. Jahrhundert, Beeskow 2009, S. 15–20.

[31] C. Henzel, Art. Graun, in: MGG, 2. Ausgabe, Personenteil, Bd. 7, Kassel u. a. 2002, Sp. 1506–1525, hier Sp. 1507, 1518.

[32] Vgl. C. Henzel, „... Eine glückliche Kühnheit ...“ Die Ensembles in den Opere serie Carl Heinrich Grauns, in: Miscellaneorum de musica concentus. Karl Heller zum 65. Geburtstag, hrsg. v. W. Alexander / J. Stange-Elbe / A. Waczkat, Rostock 2000, S. 125–149, hier S. 127 f.

geöffnet, sondern am Erbauungs- und Läuterungsanspruch durch Rührung festge-
halten hat"[33].

2. Parodien von Opernsätzen Johann Adolph Hasses

Hasses Opern wurden von den Herrnhutern deutlich weniger rezipiert als die
Opern Grauns, zudem erhielten sie weitaus geringere Aufmerksamkeit als Hasses in der Brüdergemeine ausgesprochen beliebte Oratorien[34]. Eine wichtige Ein-
schränkung könnte darin bestanden haben, dass seine Opern, wenngleich sie bei
Johann Adolph Scheibe, Christian Gottfried Krause, Johann Wilhelm Hertel und
Johann Friedrich Reichardt als Inbegriff des modernen, melodiebetonten, rühren-
den Stils galten[35], nicht die gleiche schichtenübergreifende Verbreitung erfuhren
wie Grauns Opernmusik. Zum einen lagen von Hasses für Italien und für den
Dresdner Hof komponierten Opern keine mit Grauns *Duetti, Terzetti, Quintetti,
Sestetti ed alcuni Chori* vergleichbaren Druckausgaben vor, vielmehr wurden seine
musiktheatralen Werke hauptsächlich handschriftlich verbreitet[36]. Zum anderen
ist die Spannbreite von Hasses Opernchören hinsichtlich des Schwierigkeitsgrads
sehr groß[37].

Zu hassischer Opernmusik erhielten die Herrnhuter offensichtlich hauptsächlich über gedruckte Quellen Zugang. Im Unitätsarchiv Herrnhut befinden sich vollständige unbearbeitete Stimmkopien von Hillers *Meisterstücke des italienischen Ge-
sanges*, der von ihm edierten und 1791 in Leipzig erschienenen Ausgabe von Arien,
Duetten und Chören aus Hasses Oratorien und Opern mit deutschen geistlichen
Neutextierungen. Darin enthalten sind jeweils eine Opernarie aus Hasses *La Spar-
tana* sowie aus *Leucippo*. In den Herrnhuter Abschriften weisen die beiden Sätze
aber keinerlei Gebrauchsspuren auf. Es liegen auch keine weiteren Abschriften mit
musikalischen Bearbeitungen oder neuen Textunterlegungen der Vokalstimmen
vor, sodass zu vermuten ist, dass die beiden Arien nicht weiterverwendet bzw.
aufgeführt wurden.

Im Unitätsarchiv Herrnhut wird lediglich ein von der Brüdergemeine bearbei-
teter Opernsatz Hasses aufbewahrt. Es existieren dort zwei parodierte Fassungen
der Arie Dirceas *In te spero, o sposo amato* aus seiner 1748 in Dresden kompo-

---

[33] Waczkat, S. 297.

[34] Vgl. Haiawi, Das Oratorium, S. 542 f., 554–582.

[35] W. Hochstein / R. D. Schmidt-Hensel / R. Wiesend / D. Wegner, Art. Hasse, Johann Adolph, in: MMG,
2. Ausgabe, Personenteil, Bd. 8, Kassel u. a. 2002, Sp. 785–824, hier Sp. 817 f.; P. Wollny, Aspekte der
Leipziger Kirchenmusikpflege unter Johann Sebastian Bach und seinen Nachfolgern, in: Jahrbuch
des Staatlichen Instituts für Musikforschung Preußischer Kulturbesitz, Stuttgart / Weimar 2000,
S. 77–91, hier S. 77 f.; Henzel, Berliner Klassik, S. 26 f.

[36] Vgl. R. D. Schmidt-Hensel, „La musica è del Signor Hasse detto il Sassone …" Johann Adolf Hasses
‚Opere serie' der Jahre 1730 bis 1745. Quellen, Fassungen, Aufführungen, Teil I: Darstellung, Hamburg 2009, S. 118–179.

[37] F. L. Millner, The operas of Johann Adolf Hasse, Ann Arbor, Michigan 1979, S. 37–53, besonders
S. 44 f.

nierten Oper *Demofoonte*[38]. Der Affekt der Liebe, Zärtlichkeit und Zugewandtheit, der in der Oper auf Dirceas Vertrauensbekundung gegenüber ihrem heimlichen Gemahl Timante bezogen ist, erfährt im Zitat von Psalm 34 *Schmecket und sehet, wie freundlich der Herr ist*, der Hasses Musik unterlegt wird, eine religiöse Umdeutung hin zum Vertrauen auf Gott[39]. Die Arie liegt in einer Version für Sopran-Duett (D-HER: Mus. B 214:13) und in einer Erweiterung für vierstimmig gemischten Chor (SSAB, D-HER: Mus. E 35:106) vor[40]. Die Solo-Arie wird im zweiten Fall folglich zum von den Herrnhutern bevorzugten gemeinschaftlichen sowie gemischten Gesang transformiert[41]. Weiterhin zeichnen sich beide Herrnhuter Bearbeitungen durch starke Kürzungen der Vorlage aus: Es wird jeweils nur der A-Teil verwendet und dieser erscheint ebenfalls gekürzt. Zudem ist die anspruchsvolle Vokalstimme stark vereinfacht; in der Chorfassung sind dementsprechend auch die weiteren, frei ergänzten Vokalstimmen schlicht gestaltet (siehe Notenbeispiel 1). Die Instrumentalpartien übernehmen zum Teil die schwierigen Passagen der Singstimmen[42]. Die Verlagerung der Figurationen von den Vokal- zu den Instrumentalpartien anstelle einer Streichung spricht dafür, dass kolorierte Stimmverläufe – abweichend von den oben genannten brüderischen Musiknormen – weniger ein grundsätzliches stilistisches als mehr ein technisches Problem für die Sänger darstellten. Zwar weisen die von den Herrnhutern rezipierten Opernsätze Grauns ebenfalls Koloraturteile auf, insbesondere das oben genannte Duett aus *Artaserse*, doch sind Hasses entsprechende Passagen wesentlich anspruchsvoller komponiert und wirken extrovertierter. Zu virtuose, auf geschulte Opernsänger ausgerichtete Partien überschritten womöglich die technischen Möglichkeiten der semiprofessionellen Sänger. Darüber hinaus störte vermutlich das musikalisch verselbständigende Moment derartiger Stellen.

---

[38] Als Referenzquelle von Hasses Oper *Demofoonte* wird folgende in der Sächsischen Landesbibliothek – Staats- und Universitätsbibliothek Dresden befindliche Partiturabschrift verwendet: D-Dl Mus. 2477-F-53.

[39] Zur Umdeutung von weltlichen zu geistlichen Affekten in der Parodie vgl. R. Mellace, Johann Adolf Hasse. Aus dem It. übers. v. J. Riepe, Neubearb. Ausg., Beeskow 2016, S. 152.

[40] Die Erweiterung zur Vierstimmigkeit findet sich auch in weltlich-geistlichen Parodien der Klöster. Vgl. Schwindt-Gross, S. 30.

[41] Der Herrnhuter Brüdergemeine kam eine Vorreiterrolle bei der Etablierung von Laienchorgesang in gemischter Besetzung im Kirchenchorwesen zu. Vgl. S. Leopold/M. Geck, Art. Zinzendorf (und Pottendorf), Reichsgraf Nikolaus, in: MGG, 2. Ausgabe, Personenteil, Bd. 17, Kassel u. a. 2007, Sp. 1528–1530, hier Sp. 1529.

[42] Dasselbe Bearbeitungsprinzip ist in der Adaption einer Arie aus Hasses Oratorium *La Conversione di Sant'Agostino* (Arie 21 Simpliciano: *A Dio ritornate*) zu beobachten. Vgl. Haiawi, Das Oratorium, S. 574–578.

Notenbeispiel 1: Herrnhuter Bearbeitung von Hasses Arie *In te spero, o sposo amato* aus seiner Oper *Demofoonte: Schmecket und sehet, wie freundlich der Herr ist*

3. Parodierte Ensemblesätze aus Wolfgang Amadeus Mozarts Così fan tutte *und* Die Zauberflöte

Von Mozarts Opern übernahmen die Herrnhuter vornehmlich die Ouvertüren, wie die international verbreiteten brüderischen Mozart-Quellen belegen[43]. Im Unitätsarchiv Herrnhut werden darüber hinaus Gesamtabschriften mehrerer Opern aufbewahrt, deren Verwendung bislang unklar ist: *Die Entführung aus dem Serail, Don Giovanni, Idomeneo re di Creta* und *La Clemenza di Tito*. Schließlich liegen zwei Parodiefassungen jeweils eines Satzes aus Mozarts *Così fan tutte* und aus seiner *Zauberflöte* vor, die in Art und Umfang weitreichender sind als die oben beschriebenen Bearbeitungen. Gravierend sind vor allem die strukturellen Modifikationen, wie nachfolgend gezeigt wird[44].

3.1 Herrnhuter Bearbeitung von Mozarts *Arie Secondate, aurette amiche* aus seinem Drama giocoso *Così fan tutte*

Aus Mozarts Dramma giocoso *Così fan tutte* haben die Herrnhuter jenes Duett von Ferrando und Guglielmo mit anschließendem Chor (Nr. 21) adaptiert, in welchem die Verlobten der beiden Schwestern Dorabella und Fiordiligi als Fremde verkleidet jeweils um die Liebe der anderen Frau werben, um deren Treue auf die Probe zu stellen. Das in Terzen geführte, schmeichelnd anmutende Duett ist in doppelter Hinsicht trügerisch: Erstens lügen die Verlobten in ihren Rollen als vermeintlich schüchterne Liebhaber, zweitens ist die Liebe der Männer zur jeweils falschen Frau vorgespieltes Gefühl. In der brüderischen Neutextierung *Deinen Herrn, Gemeine, preise* (D-HER: Mus. C 234:2) geht es hingegen um aufrichtige religiöse Gefühle, hier um das gemeinschaftliche Bekenntnis zu Christus. Diese notwendige Umwertung vom falschen zum ehrlichen Gefühl war für die Rezeption offenbar unproblematisch und in der geistlichen Parodie von Opern auch keine Seltenheit[45]. Die Musik ließ sich vom unmoralischen Inhalt trennen.

---

[43] Vgl. die Bestände im Unitätsarchiv Herrnhut, in Utrecht (Provenienz Zeist) und in der Moravian Music Foundation in den USA. A. Hartmann / O. Landmann, Die Musikhandschriften im Unitätsarchiv der Evangelischen Brüder-Unität Herrnhut. Thematischer Katalog. Teilveröffentlichung aus: RISM, Serie A/II Musikhandschriften nach 1600, 3 Teilbde., München, Frankfurt a. M. 2010; R. H. Tollefsen, Catalog of the Music Collection of the Moravian Congregation at Zeist, 2 Bde., Utrecht 1985; B. Strauss, A register of music performed in concert, Nazareth, Pennsylvania from 1796 to 1845: an annotated edition of an American Moravian document, Arizona 1976.

[44] Umstrukturierungen als notwendige Anpassung an neue formale Strukturen (z. B. die zyklische Messe) lassen sich auch bei Parodien aus dem katholischen Kontext beobachten. Vgl. Schwindt-Gross, S. 30.

[45] Eine ähnlich radikale inhaltliche Umdeutung vom Trugbild zur Wahrheit findet sich in der lateinischen Neutextierung der Arie des Timante *Sperai vicino il lido* (1. Akt, 4. Szene) aus Metastasios *Demofoonte* in der Vertonung Pasquale Anfossis durch den Regens chori des Chorherrenstiftes St. Michael in Beromünster, Dominik Herzog. Vgl. Hanke Knaus, S. 78 f. In vergleichbarem Kontext steht auch das Verfahren bei weltlich-geistlichen Parodien, mögliche Spannungen zwischen Text und Musik aufzuheben, die in der Urfassung eines Werkes im Sinne einer musikalischen Distanzierung vom Textinhalt intendiert sind. Denn eine bewusst geschaffene Differenz zwischen Text und Musik würde im religiösen Kontext keinen Sinn ergeben. Vgl. dazu Schwindt-Gross, S. 30 f. (hier bezogen auf eine Bearbeitung von Mozarts *Così fan tutte* zur Messe).

Formal bemerkenswert ist erstens die bei den Herrnhutern selten anzutreffende musikalische Erweiterung gegebener Musik. In der Bearbeitung werden der zweite Teil der Duett-Partie (ab T. 56) sowie der Chor-Teil nach dem ersten Durchlauf wiederholt. Offensichtlich geht es darum, ein Gleichgewicht von Solo- und Tuttiteil und ein bestimmtes zeitliches Ausmaß für einen konkreten Aufführungsanlass zu erreichen. Außergewöhnlich ist zweitens, dass das Vorspiel baukastenartig neu organisiert wird: Die Takte 17 bis 20 in Zweiunddreißigstel-Bewegung erklingen nicht, an ihre Stelle treten die Takte 46 bis 49 aus dem Duett-Teil (siehe Tabelle 2). Des Weiteren wird die Fortsetzung ab Takt 21 vereinfacht, indem anstelle der vermutlich schwer auszuführenden Zweiunddreißigstel-Bewegung die melodischen Gerüsttöne in Sechzehnteln erklingen (siehe Notenbeispiel 2). Der Bläsersatz wird durch die Herrnhuter Standardbesetzung (Streichersatz und Orgel) ersetzt und anstelle von Tenor- und Basssolo erklingen zwei Soprane, welche die Stimmen oktaviert übernehmen[46]. Für die Wiederholung des Duett-Teils im Chorklang mussten zudem Tenor und Bass neu komponiert werden, da sie in Mozarts Fassung nicht enthalten sind. Was an diesem Bearbeitungstyp am meisten frappiert, ist die Aneignung von Mozarts Satz, als handle es sich um frei kombinierbare Versatzstücke[47]. Aufgrund der kleingliedrigen Abschnitte der Komposition funktioniert diese Art der Bearbeitung zwar durchaus, doch aus heutiger Sicht mag die Herangehensweise der Herrnhuter an fremde Musik als frei verfügbares musikalisches Material überraschen. Bei derartigen Transformationen handelte es sich um einen identitätsstiftenden Mechanismus der Brüdergemeine, die rezipierte Musik zur eigenen zu machen[48].

	Vorspiel			Duett	Chor		Nachspiel
Mozart	T. 1–24 (T. 1–37*)			T. 38–71	T. 72–82		T. 82–84
	Bläser			Ferrando (Tenor), Guglielmo (Bass)	Sopran, Alt, Tenor, Bass		Bläser
Herrnhuter	T. 1–16	T. 46–49	T. 21–24	T. 38–71	T. 72–82	T. 56–82	T. 82–84
	Streicher, Orgel			*Sopran 1, Sopran 2*	Sopran, Alt, Tenor, Bass		*Streicher, Orgel*

Tabelle 2: Aufbau und Besetzung von Mozarts Arie Secondate, aurette amiche aus seinem Drama giocoso Così fan tutte mit der Herrnhuter Bearbeitung. Kursivierungen beziehen sich auf Bearbeitungen der mozartschen Besetzung durch die Herrnhuter. Dunkelgrau unterlegte Felder zeigen grundlegende Abweichungen der Herrnhuter Bearbeitung vom originalen Ablauf an, hellgrau unterlegte Felder musikalische Varianten der Vorlage.
* Diese Takte sind allein in der ersten Partiturkopie von Wenzel Sukowaty erhalten. (Vgl. Wolfgang Amadeus Mozart: Werkausgabe in 20 Bänden, Bd. 8: Bühnenwerke V, hrsg. v. der Internationalen Stiftung Mozarteum Salzburg, Kassel 1991, S. 573, 582f.)

---

[46] Diese Besetzungsänderung lässt sich damit erklären, dass die Fassung im Schwesternhaus der Ortsgemeine Ebersdorf zur Aufführung kam, wie aus der Signatur der Quelle zu erschließen ist.

[47] Waczkat (S. 297) verwendet für diese Techniken des Zerlegens und Neuarrangierens von Werken in Anlehnung an die *Strukturale Anthropologie* von Claude Lévi-Strauss den Begriff der „Bricolage".

[48] Vgl. auch Waczkat, S. 298.

Andante

Notenbeispiel 2: Herrnhuter Bearbeitung von Mozarts Duett- und Chorsatz *Secondate, aurette amiche* aus seinem Drama giocoso *Così fan tutte: Deinen Herrn, Gemeine, preise*

3.2 Herrnhuter Bearbeitung von Mozarts Finalsatz *Bald prangt den Morgen zu verkünden* aus seinem Singspiel *Die Zauberflöte*

Welche Vorlage die Herrnhuter für die Bearbeitung des Finalsatzes aus Mozarts Singspiel *Die Zauberflöte* verwendeten, konnte bislang nicht ermittelt werden. Die umfangreiche Transformation des ersten Abschnittes des Finalsatzes im zweiten Akt liegt nur im Unitätsarchiv Herrnhut vor. In Bezug auf die Grundstruktur des Satzes besteht die Hauptveränderung darin, dass die feierlichen Rahmenteile in Es-Dur zu einem Satz zusammengebunden werden: das hymnische Morgenlied *Bald prangt den Morgen zu verkünden* (T. 1–28), das „den Aufgang der Sonne zum Sinnbild der Aufklärung [erklärt], der sich die Priesterschaft verschrieben hat"[49], und das über die wahre Treue der Liebe singende Quartett *Zwei Herzen, die von Liebe brennen* (T. 146–189, siehe Tabelle 3). Damit entfällt die dramaturgische Entwicklung der Szene, die höchst aufwühlende Unterredung zwischen den drei Knaben und der selbstmordgefährdeten Pamina. Es bleiben die Teile, die eine einheitlich frohe und zuversichtliche Stimmung verbreiten. Eine weitere Uniformierung des Affektes erfolgt, indem der Tempokontrast vom ersten Teil im Andante und dem nachfolgenden Teil im Allegro in einem gleichbleibend langsamen Tempo – die Aufführungsanweisung lautet wörtlich „Langsam" – aufgehoben wird. Darüber hinaus werden von der ursprünglichen Besetzung für tiefliegenden Bläserchor mit Klarinetten, Fagotten, Hörnern – Flöten und Oben bleiben bewusst ausgespart – und Streichquartett nur die Streicherstimmen übernommen. Diese Besetzungsreduktion ist insofern schwerwiegend, als der dunkle, voluminöse Bläserklang wesentlich für die sakrale, feierliche Aura der Szene verantwortlich ist. Schließlich wird der nur aus Sopranstimmen bestehende drei- bzw. vierstimmige Vokalchor (drei Knaben und Pamina) zur in der Herrnhuter Brüdergemeine bevorzugten vierstimmigen gemischten Besetzung (SATB) transformiert.

---

[49] W. Seidel, Die Zauberflöte (KV 620), in: Mozarts Opern, Teilbd. 1, hrsg. v. D. Borchmeyer / G. Gruber, Laaber 2007 (= Das Mozart-Handbuch Bd. 3/1), S. 432–488, hier S. 471.

	T. 1–10: Vorspiel	T. 10–28: Gesang	T. 29–93: Gesang	T. 94–182: Gesang	T. 182–189: Nachspiel
Mozart	Andante, 4/4	Andante, 4/4	Andante, 4/4	Allegro, 3/4	Allegro, 3/4
	Bläser	Bläser, Streicher	Bläser, Streicher	Bläser, Streicher	Bläser, Streicher
		3 Knaben (SSS)	3 Knaben (SSS), Pamina (S)	3 Knaben (SSS), Pamina (S)	
Herrnhuter	Langsam, 4/4	Langsam, 4/4		Langsam, 3/4	Langsam, 3/4
	Streicher	Streicher		Streicher	Streicher
		Sopran, Alt, Tenor, Bass		Sopran, Alt, Tenor, Bass	

Tabelle 3: Aufbau, Besetzung und Tempo von Mozarts Finalsatz Bald prangt, den Morgen zu verkünden (*Nr. 21*) *aus seinem Singspiel* Die Zauberflöte *im Vergleich mit der Herrnhuter Bearbeitung.*
Hellgrau unterlegte Felder zeigen Abweichungen von den mozartschen Tempi in der Herrnhuter Bearbeitung an, mittelgrau unterlegte Felder Abweichungen von der Instrumentalbesetzung und dunkelgrau unterlegte Felder Abweichungen von der Vokalbesetzung.

Neben der großflächigen Kürzung ist die Bearbeitung der Vokal- und Instrumentalpartien umfassend. Lediglich der Sopran folgt dem Original, das heißt der Partie des ersten Knaben bzw. der Pamina. Alt, Tenor und Bass sind hingegen nur vage an die weiteren Stimmen angelehnt und stellen primär eine freie Harmonisierung der Oberstimme in homorhythmischer Bewegung dar. Außerdem finden sich Abweichungen in Rhythmus und Stimmführung, die auf ein stärkeres Gleichmaß im Ausdruck hinwirken: So werden erstens die Punktierungen reduziert (vgl. T. 15, 25) und zweitens die komplexen Sopranstellen (T. 20–22, 159, 161, 164–170) vereinfacht. Violine 1 und 2 folgen im Vorspiel den beiden Klarinetten, beim Einsatz der Vokalstimmen wechseln sie in ihre eigene Stimme oder musizieren colla parte mit Sopran oder Alt. Viola und Violoncello sind mit dem Original nicht verbunden und auch nicht als Colla-parte-Stimmen zu Tenor und Bass konzipiert. Worauf es ankommt, ist folglich das Wiedererkennen der Oberstimme. Die weiteren Stimmen werden frei ergänzt, ohne von der Vorlage ganz abzuweichen (siehe Notenbeispiel 3).

Die Neutextierung mit geistlichem Inhalt orientiert sich formal am auftaktigen Versmaß des Originals, die Anzahl der Hebungen variiert aber. Ferner wird im Vergleich zur Mozartfassung die erste Strophe wiederholt, was ebenfalls eine Vereinfachung darstellt. Schließlich orientiert sich der Herrnhuter Dichter vereinzelt sprachlich an der Librettovorlage Emanuel Schikaneders, etwa in den Reimklängen („*Bahn*" – „*mahl'n*") oder in der Übernahme des „*O*"-Ausrufs (siehe Tabelle 4). Wesentlich für die brüderische Neutextierung ist die Transformation der Sprechhaltung. An die Stelle aufklärerischer Erkenntnisse bzw. Visionen und ethischer Postulate objektiven Charakters treten subjektive Glaubensbekundungen. In dem neuen geistlichen Text vergewissert sich das glaubende Ich seines Heils durch

Notenbeispiel 3: Herrnhuter Bearbeitung von Mozarts Finalsatz *Bald prangt, den Morgen zu verkünden* aus seinem Singspiel *Die Zauberflöte: O möcht sich mit lebendgen Farben*

Christi Leiden und Sterben am Kreuz. Es möchte für sich Christi Passion so intensiv imaginieren, dass es imstande ist, die leidende Miene des Schmerzensmannes selbst nachzuahmen[50]. Im Zentrum steht eine enge Beziehung zwischen dem Gläubigen und Christus. Dieser kennt die Makel des gläubigen Menschen, der sein Heil in der Zuwendung zum Kreuz, im direkten Dialog mit seinem Retter findet. Im neuen Text wird folglich eine diesseitige Erfahrung von Heil und Gnade angesprochen, die ihren Ausdruck in der zuversichtlich wirkenden und feierlichen Stimmung der Musik findet und der inneren Verfasstheit des Ichs entsprechen soll. Eine Stimmungsänderung ist nicht intendiert, auch wenn die Verse gewisse Kontraste erkennen lassen. Die Spannungen zwischen dem Gefühl der Schwäche und Armut und dem christlichen „Dennoch" der Errettung durch Christus werden durch die Musik eingeebnet, was mit dem brüderischen Glaubensverständnis korrespondiert. In diesem gerät die Konfrontation mit der Sündhaftigkeit in den Hintergrund, da jeglicher Bußkampf, in bewusster Abgrenzung zum Hallischen

---

[50] In diesen Versen finden sich Anklänge an altkirchliche Passionsmeditationen. Zur Rezeption katholischer Passionsmystik bei den Herrnhutern vgl. Schneider, S. 694.

Schikaneder	Herrnhuter
Bald prangt, den Morgen zu verkünden, die Sonn' auf gold'ner Bahn, bald soll der Aberglaube schwinden, bald siegt der weise Mann!	O möcht sich mit lebendgen Farben sein Leiden mir ins Herze mahl'n, so daß die Augen, wie sie starben, aus meinen Mienen könnten strahl'n.
O holde Ruhe, steig hernieder, kehr in der Menschen Herzen wieder; dann ist die Erd' ein Himmelreich, und Sterbliche den Göttern gleich.	O möcht sich mit lebendgen Farben sein Leiden mir ins Herze mahl'n, so daß die Augen, wie sie starben, aus meinen Mienen könnten strahl'n.
(...)	
Zwei Herzen, die von Liebe brennen, kann Menschenohnmacht niemals trennen. Verloren ist der Feinde Müh', die Götter selbsten schützen sie.	Ach, meine Armuth, meine Schwächen kennt niemand so genau als Er, doch wenn ich Ihn am Kreuze spreche, so hab ich alls', was ich begehr.

Tabelle 4: Gegenüberstellung der Textfassungen Emanuel Schikaneders und der Herrnhuter zu Mozarts Finalsatz aus seinem Singspiel Die Zauberflöte.

Pietismus[51], als überwunden gilt. Das Verfahren, inhaltliche Spannungen durch gleichförmige Musik aufzuheben, lässt sich zudem auch in anderen brüderischen Parodien beobachten, etwa in der Neutextierung von Hasses Lauda aus seinem Dresdner Oratorium *I Pellegrini al Sepolcro di Nostro Signore*[52]. Hier liegt offensichtlich ein durchgängiges Bearbeitungsprinzip vor, das weder in der protestantischen noch in der katholischen Parodiepraxis eine Parallele hat.

Nun stellt sich die Frage, ob eine derart weitgehende Umformung des Originals ein Verständnis für die Komposition als solche, für ihren ästhetischen Wert, ihre musikalische Qualität impliziert. *Die Zauberflöte* war um 1800 das populärste Werk Mozarts und erfuhr unter seinen Opern in der Öffentlichkeit die größte Aufmerksamkeit, wie neben Wiederaufführungen vor allem Umarbeitungen für Haus- und Kammermusik sowie Ausgaben von Einzelstücken für das Konzert zeigen[53]. Den Herrnhutern entging die Popularität des Werkes offensichtlich nicht und sie wollten an dessen Rezeption teilhaben. Sie waren bestrebt, eine ihnen vermutlich

---

[51] Dem Hallischen Pietismus zufolge kann der Glaubende eine wirkliche Bekehrung nur nach vorher erlittenem Bußkampf erleben. Vgl. M. Brecht, Art. Pietismus, in: Theologische Realenzyklopädie, Bd. 26, hrsg. v. G. Müller / H. Balz / J. K. Cameron u. a., Berlin 1996, S. 606–631, hier S. 614.

[52] Vgl. Haiawi, Das Oratorium, S. 570–573.

[53] Fellerer, Mozart-Überlieferungen, S. 147, 150; ders., Zur Rezeption von Mozarts Oper um die Wende des 18./19. Jahrhunderts, in: Mozart-Jahrbuch 1965/66, S. 39–49, hier S. 41, 44–47; L. R. v. Köchel, Chronologisch-thematisches Verzeichnis sämtlicher Tonwerke Wolfgang Amadé Mozarts, 6. Aufl., Wiesbaden 1964, S. 707–714; U. Schreiber, Die Opern II: Werke der Wiener Jahre, in: Mozart Handbuch, hrsg. v. S. Leopold, Kassel 2005, S. 88–161, hier S. 155f.; H. J. Kreutzer, Proteus Mozart. Die Opern Mozarts in der Auffassung des 19. Jahrhunderts, in: Deutsche Vierteljahrsschrift für Literaturwissenschaft und Geistesgeschichte 60 (1986), S. 1–23, hier S. 7f.

bereits gut bekannte Melodie aus Mozarts Singspiel zu adaptieren, die sich für ihre religiösen Zwecke offenbar optimal eignete. Der musikalische Satz und sein dramatisches Potenzial interessierten hingegen weniger. In dieser selektiven Fokussierung und radikalen Bearbeitung standen die Herrnhuter grundsätzlich nicht allein – Mozarts Opern waren vielen Musikhörern oder Musizierenden vermutlich nur in bearbeiteten Fassungen bekannt[54]. Was die Herrnhuter aber von der zeitgenössischen Rezeption unterscheidet, ist die religiöse Aufladung des musikalischen Satzes und des Ausdrucks in seinem Wirkungspotenzial, wie sie gleichermaßen auch für die Rezeption der Opernsätze Grauns und Hasses herausgestellt wurde. Im Kontext der Mozart-Rezeption um und nach 1800 könnte man weiter schlussfolgern, dass die einseitige Wahrnehmung und Idealisierung von Mozarts Musik als heiter und graziös[55] auch auf die Herrnhuter zutraf, hier aber unter religiösen Vorzeichen.

III. Fazit und Ausblick

Die Herrnhuter selektierten Werke, in die sie dezidiert religiöse Inhalte auf einfachem Weg hineinprojizieren konnten: homophone Musik mit schlichter Harmonik in Dur und maßvollem Tempo, ohne Kontraste oder dramatische Entwicklungen, in heiterer Grundstimmung und mit weichem, besänftigendem Ausdruck. Stellen, die dem angestrebten religiösen Erleben nicht entsprachen, wurden gestrichen, verlangsamt oder vereinfacht, wie der radikal transformierte Finalsatz aus der *Zauberflöte* eindrücklich zeigt. Ein vergleichender Blick auf die Parodiepraxis der zu Beginn erwähnten Klöster zeigt, dass deren Selektions- und Bearbeitungsprinzipien stärker von musikästhetischen Prämissen bestimmt waren, da liturgischer Text und kultischer Vollzug von der Musik unabhängige Größen darstellten[56]. Zuweilen wurden dort aus den beliebtesten Opernwerken einzelne Sätze zu Messen zusammengestellt, auf diese Weise entstanden eine *Zauberflöten-*, eine *Così fan tutte-* und eine *Don Giovanni*-Messe[57]. Unabhängig von grundlegenden Unterschieden zwischen den katholischen Klöstern einerseits und der freikirchlichen Brüdergemeine andererseits stellt sich die Frage, inwieweit die Parodiepraxis jeweils in der Struktur der in sich geschlossenen und im Wesentlichen das ganze Leben bestimmenden Institutionen begründet lag. Wenn sich diese Gemeinschaften in ihrer Musikpraxis von der musikgeschichtlichen Entwicklung nicht abkoppeln wollten, musste ihnen auch die Rezeption weltlicher Musik ein Anliegen sein, die für die geistlichen Lebensformen in der Regel der Parodie bedurfte. Des Weiteren verfügten sowohl die Klöster als auch die brüderischen Ortsgemeinen meist

---

[54] Fellerer, Zur Rezeption, S. 39, 48; ders., Mozart-Überlieferungen, S. 145.

[55] Vgl. F. Hamel, Unsere Begegnung mit Mozart, in: Musica 10 (1956), S. 18–21, hier S. 18, 21; K. G. Fellerer, Mozart im Wandel der Musikauffassung, in: Mozart-Jahrbuch 1956, S. 143–153, hier S. 146; Fellerer, Mozart-Überlieferungen, S. 148; Kreutzer, S. 6.

[56] Vgl. Schwindt-Gross, S. 42.

[57] Schwindt-Gross, S. 19, 30–33, 37; H. C. Robbins Landon, Mozart fälschlich zugeschriebene Messen, in: Mozart-Jahrbuch 1957, S. 85–95, hier S. 91, 95.

nicht über professionelle Musiker, sodass Fremdrezeptionen notwendig waren, um eine kontinuierliche und abwechslungsreiche Musikpflege aufrechtzuerhalten. Es wäre zu untersuchen, wie sich die Gewichtung pragmatischer Erwägungen auf der einen Seite und ästhetischer auf der anderen im Vergleich von Kloster und Brüdergemeine unterschied und in welcher Weise sich deren Verhältnis zur weltlichen Musikkultur im Laufe des 19. Jahrhunderts veränderte. Inwiefern machten sich historisierende Tendenzen hin zur Kanonisierung „klassischer" Komponisten und zur Geschmacksbildung auch im kirchlichen Kontext bemerkbar? Wie lange ließ sich eine funktionsbezogene Parodiepraxis gegenüber der Idee des autonomen Kunstwerks aufrechterhalten? Waren die Herrnhuter dahingehend gegenüber den allgemeinen musikgeschichtlichen Entwicklungen länger „immun"? Waren nicht auch bei ihnen mit der Zeit Tendenzen einer ästhetischen Verselbstständigung der Werke erkennbar? Die Untersuchung der brüderischen Parodiepraxis ruft folglich Fragen hervor, die grundlegende Diskussionen zur Kirchenmusik des späten 18. und des 19. Jahrhunderts im Wechselspiel ästhetischer, funktionaler, institutioneller und (inter-)konfessioneller Aspekte berühren.

Musik im Gottesdienst der Reform-Synagogen in Seesen, Kassel und Berlin im Zeichen der jüdischen Aufklärung (Haskala) um 1800

Klaus Wolfgang Niemöller

1.

Das jüdische Museum in Berlin erinnerte 2022 in einer Ausstellung an den Berliner Philosophen Moses Mendelssohn (1729–1786), den bedeutenden Initiator der jüdischen Aufklärung „Haskala"[1]. Zu ihr gehörte auch eine Hinwendung zu den schönen Künsten als menschheitsverbindendem Bereich der Bildung. In den „Betrachtungen über die Quellen und Verbindungen der schönen Künste und Wissenschaften" formulierte Mendelssohn zur „idealistischen Schönheit": „In Ansehung der Tonkunst leuchtet diese Wahrheit weit deutlicher in die Augen. Die Töne der Natur sind zwar ausdrückend, aber selten melodisch, und der Künstler muß sie verschönern, wenn er gefallen will"[2]. In seiner Schrift „Über die Empfindungen" pries er die Musik als „Göttliche Tonkunst – Quelle der Vollkommenheit – eine Quelle der Schönheit"[3]. Mendelssohns Forderung nach Bildung setzte sein enger Freund und Anhänger David Friedländer (1750–1834) in die Praxis um[4]. Der Seidenfabrikant warb öffentlich für die rechtliche und gesellschaftliche Emanzipation der Juden und gründete 1778 in Berlin die jüdische „Freischule", in der auch die Allgemeinfächer der christlichen Schulen gelehrt wurden. Mitgründer war sein Schwager Isaac Daniel Itzig (1750–1860), Hofbankier von König Friedrich Wilhelm II.[5] In dessen großem Haus in der Burgstraße 25, dem „Palais Itzig", fand auf Empfehlung von Friedländer 1814 eine weitere Persönlichkeit der jüdischen Reformbewegung seinen Wohnsitz: Israel Jacobson (1768–1828), dem ebenfalls 2022 ein Sammelband mit „Studien zu Leben, Werk und Wirkung" gewidmet wurde[6]. Seinen Aktivitäten sind frühe Reformen des traditionellen jüdischen Gottesdienstes zu danken[7].

Anlass zur musikhistorischen Befassung mit Jacobson gab die überraschende Entdeckung eines Artikels „Die Musik in den Synagogen des 19. Jahrhunderts"

---

[1] I. Bertz / T. Lackmann (Hrsg.), Moses Mendelssohn. „Wir träumten von nichts als Aufklärung". Zur Begleitung der Ausstellung im Jüdischen Museum Berlin, Berlin 2022.

[2] I. Elbogen u. a. (Hrsg.), Moses Mendelssohn. Gesammelte Schriften. Jubiläumsausgabe, Bd. 1, Berlin 1929, S. 174.

[3] Ebd., „Über die Empfindungen" (1755), S. 280.

[4] U. Lohmann, Art. David Friedländer, in: Haskala in Biographien (= haskala.net: das online-Lexikon über jüdische Aufklärung, Universität Potsdam; https://www.uni-potsdam.de/de/haskala/index, 23.02.2023).

[5] I. Gohlke, Art. Isaac Daniel Itzig, in: online-Lexikon zur jüdischen Aufklärung (https://www.uni-potsdam.de/de/haskala/haskala-in-biographien/isaac-daniel-itzig, 23.02.2023).

[6] C.-Fr. Berghahn u. a. (Hrsg.), Israel Jaobson (1768–1828). Studien zu Leben, Werk und Wirkung, Göttingen 2022 (= Veröffentlichungen der Historischen Kommission von Niedersachen und Bremen 315).

[7] H. Bomhoff, Israel Jacobson. Wegbereiter jüdischer Emanzipation, Berlin 2010 (= Jüdische Miniaturen 101).

in einer weithin unbeachteten Zeitschrift der musikalischen Unterhaltung. Er erschien ohne Verfasserangabe 1841 in der Stuttgarter Zeitschrift „Großes Instrumental- und Vokal-Concert. Eine musikalische Anthologie. Bibliothek des Frohsinns"[8]. Der Herausgeber Ernst Ortlepp (1800–1860) gründete 1837 in Stuttgart seinen Verlag[9]. Zuvor hatte er in Leipzig als Schriftsteller, aber auch als Organist gewirkt und verkehrte im Hause von Friedrich Wieck, dem Vater von Clara Schumann[10]. Tatsächlich handelt es sich bei dem Artikel um einen Wiederabdruck aus der im Verlag Schott & Söhne in Mainz erschienenen Zeitschrift „Cäcilia. Zeitschrift für die musikalische Welt" von 1836; dort ist er mit den Initialen „H. S." als Verfasserangabe gezeichnet[11]. Hier sollen nun Textausschnitte mitgeteilt werden, die für die einzelnen zeitlichen Phasen der gottesdienstlichen Reformen in Seesen, Kassel und Berlin besonders detailreich sind, um sie durch weitere Dokumente zu ergänzen und aus musikhistorischer Sicht zu kommentieren.

2.

Israel Jacobson wurde am 17. Oktober 1766 in Halberstadt geboren. Sein Vater war Vorsteher der jüdischen Gemeinde und betrieb ein Wechselgeschäft. Israel erhielt eine traditionelle jüdische Erziehung, interessierte sich aber schon früh für die Reformvorstellungen von Moses Mendelssohn. Durch seine Heirat 1786 wurde er Schwiegersohn von Hertz Samson, einem Kammeragenten des Herzogs Karl Wilhelm Ferdinand von Braunschweig in Wolfenbüttel. Nach Samsons Tod übernahm Jacobson 1795 dessen Handelshaus, die Kammeragentur und auch das Amt des Landesrabbiners für den Weserdistrikt. Als Hofbankier erlangte er erheblichen Wohlstand und hatte einflussreiche Beziehungen. Da er als Landesrabbiner die Aufsicht vor allem der ländlichen Gemeinden hatte, sah er den erheblichen Mangel an Schulbildung – eine der Ursachen der wirtschaftlichen Armut, wie sie auch in den benachbarten Provinzen von Preußen herrschte[12]. Seinen Plan, durch eine Schulgründung dem Mangel an Bildung für arme jüdische Kinder entgegenzutreten, konnte er mit Unterstützung des Hofrats Karl Wilhelm Friedrich Zincken

---

[8]   Band 16, S. 93–96. Darüber hinaus harrt die Zeitschrift inhaltlich noch einer entsprechenden Auswertung. Hingewiesen sei hier beispielhaft auf zwei Artikel: U. Horn, Clara Wieck in Prag. Capriccio, (Bd. 15, S. 85–88); A. Lewalt, Eine Soirée bei Hiller in Paris (Bd. 9); darüber hinaus gibt es weitere über Luigi Cherubini, George Onslow, J. Fr. Halévy, Fréderic Chopin und Sigismund Thalberg.

[9]   M. Neuhaus, Musik, Musik! Du Echo andrer Werke. Ernst Ortlepp und die Musik (= Schriften der Ernst-Ortlepp-Gesellschaft zu Zeitz 11), Berlin 2019.

[10] Das Briefverzeichnis im Schumann-Portal des Schumann-Hauses in Zwickau verzeichnet einen Briefentwurf Robert Schumanns vom 5. August 1833 an Ortlepp (https://sbd.schumann-portal.de/briefe.html, 20.02.2023).

[11] Bd. 18, S. 16–21. Der Verfasser ist in der Liste der aufgelösten Initialen von Chr. Heyter-Rauland (Neues zur Cäcilia. Eine Zeitschrift für die Musikalische Welt, in: Fontes Artis Musicae 41 (1994), Nr. 4, S. 340–357, hier S. 356 f.) nicht enthalten.

[12] A. Brämer, Leistung und Gegenleistung. Zur Geschichte jüdischer Religions- und Elementarlehrer in Preußen 1823/24 bis 1872, Göttingen 2006 (= Hamburger Beiträge zur Geschichte der deutschen Juden 30).

realisieren. Dieser vermittelte 1801 den Kauf eines Gebäudes in seinem Wohnort, der Kleinstadt Seesen am nördlichen Harz. Der Beschwerde von Seesener Einwohnern über die Einrichtung der Schule beim Herzog gab dieser nicht statt, unterstellte sie vielmehr unmittelbar sich selbst. Die „Religions- und Industrieschule" hatte bald 46 Schüler und erlangte einen solchen Ruf, dass auch christliche Eltern um Aufnahme ihrer Kinder baten. Anfang 1805 wurde das Statut entsprechend geändert. Fortan hieß sie „Allgemeine Volks- und Bürgerschule". Damit war sie die erste jüdisch-christliche Simultanschule in Deutschland. Zum Freundeskreis von Jacobson gehörte auch der in Seesen seit 1786 als Kreisphysicus tätige Medizinalrat Dr. Carl Heinrich Spohr (1756–1843), von dessen Kindern auch einige die Schule besucht haben dürften[13]. Der älteste Sohn Louis (1784–1859) hatte derweil schon das Gymnasium in Braunschweig besucht und wurde in seiner musikalischen Ausbildung als Violinvirtuose und Komponist vom Herzog gefördert. 1822 kehrte er als Hofkapellmeister in Kassel in seine Heimat zurück. Der Seesener Schule, an der er auch selbst Religionsunterricht gab, blieb Jacobson auch in den folgenden Jahren mit regelmäßigen Besuchen eng verbunden.

Die weitere Entwicklung vollzog sich unter veränderten politischen Bedingungen. Nach seinen Eroberungen in Deutschland gründete Napoleon 1807 das Königreich Westphalen, das außer dem Kurfürstentum Braunschweig weitere Territorien mit den Städten Hildesheim, Goslar und Halberstadt umfasste, und setzte seinen Bruder Jérôme Bonaparte als Regenten mit Regierungssitz in Kassel ein. Ein Dekret vom 27. Januar 1808 regelte nun die rechtliche Gleichstellung von Juden und Christen[14]. Die Dankesrede von Jacobson in der Kasseler Synagoge erschien im Druck. Jacobson siedelte als Finanzrat der neuen Regierung nach Kassel um. Er vermehrte sein Vermögen auch durch seine König Jérôme für seine luxuriöse Hofhaltung gewährten Anleihen, die ihm Einfluss bei Hofe verschafften. Wesentlich wurde die gleichzeitige Wahl des ehemaligen Landesrabbiners zum Präsidenten des israelitischen Konsistoriums, das durch das Emanzipationsedikt als jüdische Kulturverwaltung eingerichtet worden war. Dieses Amt gab ihm die Möglichkeit, seine Vorstellungen von der Reform des Gottesdienstes in den Synagogen zu verfolgen, so bei den Gottesdiensten im Betsaal der Konsistorialschule in Kassel. Zeitnah berichtete darüber „Sulamith. Eine Zeitschrift zur Beförderung der Cultur und Humanität unter den Israeliten"[15]. Sie wurde herausgegeben von dem Direktor der jüdischen Schule in Dessau David Fränkel (1709–1865), den Jacobson als Konsistorialrat in Kassel berufen hatte. Der dritte Jahrgang erschien deshalb 1810 auch in Kassel. Dem ersten Heft des Jahrgangs ist ein „Musikblatt" mit einem Lied für Singstimme und

---

[13] Chronologisches Verzeichnis der Stadtschüler in: J. Arnheim, Die Säkularfeier in der Jacobson-Schule zu Seesen am Harz. Zur Erinnerung an den Stifter Israel Jacobson, Hildesheim 1868, S. 54.

[14] H. Berding, Die Emanzipation der Juden im Königreich Westfalen (1807–1813), in: Archiv für Sozialgeschichte 23 (1983), S. 23–50.

[15] Digitalisat: Compact Memory UB Frankfurt (https://sammlungen.ub.uni-frankfurt.de/cm/periodical/titleinfo/2304627, 20.02.2023).

Klavier des Operntenors und Komponisten Julius Miller (1772–1851) beigefügt [16].
In dem Artikel „Einige Blicke auf die Bemühungen der deutschen Israeliten in
Hinsicht ihrer Kulturbeförderung" berichtet Fränkel über die Konsistorialschule in
Kassel, die 76 Schüler in drei Klassen unterrichtete [17]. Mit der Lehranstalt war auch
eine Synagoge verbunden, in der die Schüler ihre Gebete verrichteten, abwechselnd
in hebräischer und deutscher Sprache „nach der deutschen Mendelssohn-Ueber-
setzung" der Psalmen. „An jedem Sabbath hält übrigens vor der Verrichtung des
Vespergebets eines der Mitglieder des Konsistoriums, ja sehr oft der Herr Präsident Jacobson selbst, in derselben eine zweckmäßige Rede. [...] Nach Beendigung
derselben wird irgend ein herzerhebendes, in Musik gesetztes und zu dem Ende
bestimmtes Gebet in deutscher oder hebräischer Sprache regelmäßig gesungen."
Zum Gottesdienst waren auch die Eltern anwesend. Für die Schule in Kassel gab
Jacobson 1810 ein hebräisch-sprachiges Gesangbuch heraus.

Der Autor H. S. prangert nun in dem genannten Artikel der „Cäcilia" zunächst die
Praxis der Vorsänger in den Synagogen an, die Psalmen nicht in der traditionellen
Kantillation, sondern auf weltliche Melodien zu singen, „etwa nach der [sic] Me-
nuett im Don Juan [von W. A. Mozart] oder nach dem Liede der Brautjungfern im
Freischütz [von C. M. von Weber] abgegurgelt." [18] Dieser weit verbreiteten Praxis
stellte der Kölner Kantor Isaac Offenbach, Vater von Jacques Offenbach, in den
1830er Jahren eigene Kompositionen gegenüber, die aber etwa mit der Satzüber-
schrift „Tempo di Menuetto" auch seine Orientierung am zeitgenössischen Stil erkennen lassen [19]. Nach der Kritik weist H. S. nun auf die „heilsamen Veränderungen"
hin:

„Um den Anfang unseres Jahrhunderts stiftete, in dem kleinen braunschweig'schen Städtchen
Seesen am Harze, ein kluger und edler Mann, Israel Jacobson, eine Schule, um 12 arme Kinder seiner Nation nicht zu Schacher-Juden, sondern zu Handwerkern bilden und, nicht nur in
den dazu erforderlichen Wissenschaften und Künsten, sondern auch im Gesange unterrichten
zu lassen. Das Institut fand so lebhaften Anklang, dass dem menschenfreundlichen Stifter von
vielen Seiten her der Wunsch zu erkennen gegeben wurde, dasselbe so zu erweitern, dass auch
Kinder begüterter Eltern darin aufgenommen werden und eine wissenschaftliche Bildung und
eine zeitgemässe Erziehung erhalten könnten. Jacobson erfüllte den Wunsch, so dass von 1804
an die Schule wohl 70 Zöglinge zählte. Das Haus wurde vergrößert, das Lehrpersonal vermehrt,
namentlich wurde Dr. Heinroth, nach Niemeyers und Zerrenners öffentlichem Zeugnisse, ein
tüchtiger Pädagog, (jetzt academischer Lehrer an der Universität Göttingen stehend,) an die
Schule berufen. – Das kleine Institut war nun gleichsam zu einer gelehrten Schule umgewandelt,
in welcher man auch fleissig Musik trieb, da sehr viele Zöglinge ausgezeichnetes Talent zu dieser
schönen Kunst zeigten. Jacobson erlaubte den Söhnen auch christlicher Eltern der Stadt Seesen,
unentgeltlich an dem Unterrichte Theil zu nehmen [...]."

---

[16] S. 72, „Hierbei ein Musikblatt. Der Dichter Herr Büschenthal in Neuwied sowohl, als auch der
Komponist, Herr Schauspieler Julius Miller aus Dresden, sind Israelitischer Religion."

[17] Sulamith 3 (1810–1811), Bd. 1, H. 1, S. 6–10.

[18] Cäcilia 18 (1836), S. 16.

[19] Handschriftlich erhalten im Archiv des Hebrew Union College in Cincinnati. K. W. Niemöller, Der
Cellist Jacques Offenbach zwischen Köln und Paris (1832–1845) und sein Violine spielender Vater
Isaac, in: Mitteilungen des Historischen Archivs der Stadt Köln (im Druck).

Der edle Stifter wollte aber seine Nation nicht bloss in der Schule, sondern auch in der Kirche reformiren. Er liess zu diesem Zwecke bei seinem Institute einen schönen Tempel erbauen, mit einer ziemlich grossen Orgel versehen, und im Jahre 1807 [1810] sehr feyerlich einweihen. Am Tage der Einweihung war der Sängerchor der Schule noch mit auswärtigen Tenoristen und Bassisten vermehrt, und ein Orchester von etwa 30 Musikern aus den benachbarten Städten zusammen gebracht, um die von Heinroth componirte Einweihungs-Cantate zu executiren.“[20]

Seit seiner Berufung 1804 als Lehrer an die Seesener Schule hatte Johann Günther August Heinroth (1780–1846) dort Musik unterrichtet[21]. Als Sohn eines Organisten im thüringischen Nordhausen geboren wurde sein musikalisches Talent frühzeitig gefördert. Durch die seit 1799 an den Universitäten Leipzig und Halle aufgenommenen Studien wurde er befähigt, auch Sprachen (Latein, Französisch), deutschen Stil und Geschichte zu unterrichten. 1805 veröffentlichte er die Schrift „Kurzer Abriß der Jacobsohns-Schule“. Nach dem Studium hatte er eine Stelle als Hauslehrer in Gittelde am Harz inne, unweit von Seesen. Neben seiner Schultätigkeit widmete er sich seiner Promotion an der Universität Helmstedt, die er um 1806 mit einer Dissertation zur Pädagogik abschloss[22]. 1818 bewarb er sich erfolgreich an der Universität Göttingen als akademischer Musikdirektor in der Nachfolge von Johann Nicolaus Forkel. Heinroth spielte auch eine wichtige Rolle bei der Ausstattung der Seesener Schulsynagoge, die Jacobson auf seine eigenen Kosten seit 1805 erbauen ließ und im Andenken an seinen Vater „Jacobs-Tempel“ nannte. Die archivalischen Quellen in Seesen wurden grundlegend von Joachim Frassl erschlossen[23]. Zu ihnen gehören auch Rekonstruktionen des 1938 zerstörten Gebäudes einschließlich des Innenraums nach Photographien von 1910. Über die Fähigkeiten des Schulchors berichtete bereits im August 1806 Carl Ritter, Frankfurter Hauslehrer des Bankiers Johann Jacob Hollweg, bei seinem Besuch in Seesen:

„Uns begrüßte ein schöner Gesang der ganzen Versammlung Wie schön ist des Allmächt'gen Güte etc. [Chr. F. Gellert] Die Schüler waren in zwey Reihen gestellt und zwischen ihnen hindurch ging zuweilen Hr. D. Heinroth, welcher den Gesang durch seine schöne Stimme und eine Geige dirigirte. – Der Gesang war vierstimmig, rein und vortrefflich. H. D. Heinroth ist selbst ein talentvoller Musiker und Jacobson großer Freund der Musik, beide gebrauchen sie als das vorzüglichste ästhetische Bildungsmittel.“[24]

---

[20] Cäcilia 18 (1836), S. 17 f.

[21] U. Konrad, Johann August Günther Heinroth. Ein Beitrag zur Göttinger Musikpflege und Musikwissenschaft im 19. Jahrhundert, in: Musikwissenschaft und Musikpflege an der Georg-August-Universität Göttingen. Beiträge zur Geschichte, hrsg. v. M. Staehelin, Göttingen 1987, S. 43–77.

[22] De vi iudicandi in pueris educandis maxime excolenda, Braunschweig 1806.

[23] J. Frassl, Die Jacobson-Schule in Seesen mit Tempel und Alumnat. Jüdische Architektur als Ausdruck von Emanzipation und Assimilierung im 19. Jahrhundert, Hildesheim u. a. 2009 (= Studien zur Kunstgeschichte 176). Ders., Die Musik im Jakobstempel. Ursprünge der Reform in Seesen, in: Der Jacobstempel. Die Synagoge der Jacobson-Schule in Seesen, hrsg. von der Stadt Seesen, Seesen 2010, S. 85–111.

[24] C. Ritter, Bruchstücke aus einer pädagogischen Reise über Goslar, Seesen und Braunschweig im August 1806, in: Der Neue deutsche Schulfreund. Ein nützliches Hand- und Lesebuch für Lehrer in Bürger- und Landschulen, Berlin 1807, S. 16, zitiert nach Frassl, Die Musik, S. 96 u. 98.

Ritter vermerkte auch, dass sich im Betsaal des Schulgebäudes bereits eine kleine, einmanualige Orgel befand, die 1807 als Geschenk des Kammeragenten Jacobson an die St. Romanus-Kirche in Hahausen ging. Die Seesener Synagoge, ein freiste-hendes rechteckiges Gebäude, war 12 Meter breit und 18 Meter lang. Über der Dachterrasse mit einer Brüstung erhob sich ein Glockenturm. Vom Vestibül führ-ten Treppen zu der Frauenempore, die den Hauptraum U-förmig umspannte. An der Westwand befand sich die einmanualige Orgel mit Pedal. Das vom örtlichen Orgelbauer Bentroth erstellte Instrument kann den Ruhm beanspruchen, die erste Orgel in einer deutschen Synagoge zu sein[25]. Sie erklang erstmalig, wohl gespielt vom Organisten Gerson Rosenstein (1790–1851), bei der aufsehenerregenden Ein-weihungsfeier des Jacobs-Tempels am 17. Juli 1810[26]. David Fränkel, der als Konsis-torialrat unter den Gästen war, veröffentlichte in „Sulamith" einen ausführlichen Bericht[27]. Jacobson hatte hunderte Personen aus Braunschweig, Kassel, Halber-stadt, Göttingen, Goslar, Helmstedt und der Seesener Umgebung eingeladen. Für die Eingetroffenen hatte er Nachtquartiere zur Verfügung gestellt, denn schon mor-gens um sieben Uhr verkündete „eine schöne Musik von der Zinne des Tempels herab" das bevorstehende Fest. In einem feierlichen Zug vom Schulsaal zur Syn-agoge gingen um neun Uhr „Gelehrte, jüdische, protestantische und katholische Geistliche, Beamte [Präfekt des Departement, Maire der Stadt] und Geschäftsmän-ner." Weiterhin berichtet Fränkel:

„Beim Eintritt in das Schiff des Tempels erscholl von der Orgel herab eine schöne von 60 bis 70 Musikern und Sängern ausgeführte Musik, die Aller Herzen in die feyerlichste Stimmung versetzte. Nachdem alle Personen ihre Plätze eingenommen hatten, wurde eine von Hrn. Dr. Heinroth, einem Lehrer des Jacob'schen Instituts, zu dieser Feier gedichtete und komponirte Kantate unter dem rauschenden Schall der Instrumente vorzüglich schön abgesungen:
Hierauf nahmen die Ceremonien nach israelitischem Ritus ihren Anfang, wobei Hr. Jacobson selbst das Amt des Oberpriesters [Vorbeters] versah und die Rabbiner ihm hülfreiche Hand leisteten."[28]

Die Einführung der deutschen Sprache konstituierte die Feier als initialen Reform-gottesdienst. Aus den kostbar verzierten Thorarollen wurden so „einige Kapitel aus dem Pentateuch hebräisch und zugleich deutsch, öffentlich und mit lauter Stimme abgelesen. [...] Nun erscholl von der Orgel unter Begleitung der vollen Musik ein Chorale, das zuerst in hebräischer und dann auch in deutscher Sprache abgesungen wurde."[29] Jacobson stellte in seiner Rede über die „fortgesetzte Aufklärung" im

Der Herausgeber der Zeitschrift Heinrich Gottlieb Zerrenner, Oberprediger und Schulinspektor in Derenburg bei Halberstadt, war der Stiefvater von Carl Ritter, der später als Berliner Geographie-Professor berühmt wurde.

[25] T. Frühauf, Orgel und Orgelmusik in deutsch-jüdischer Kultur, Hildesheim ²2017 (= Netiva. Wege deutsch-jüdischer Geschichte und Kultur, Studien des Salomon Ludwig Steinheim-Instituts 6), S. 43.

[26] U. Lohmann, Einweihungszeremonien als Übergangsriten in jüdischer Aufklärung und Reformbe-wegung. Drei Fallbeispiele, in: Historia Scholastica 8 (2022/II), S. 69–93, hier S. 83–88.

[27] Sulamith 3 (1810–11), Bd. 1, H. 5, S. 298–317.

[28] Ebd., S. 300 f.

[29] Ebd., S. 301.

Institut die rhetorische Frage: „Daß unser Gottesdienst bisher an vielen Zwecklo-sigkeiten kränkelte, daß er zum Theil, in ein geistloses Hersagen von Gebeten und Formeln ausgeartet, daß er mehr dazu gemacht war, die Andacht zu tödten als zu erheben [...] – wer wird es wagen das zu läugnen?"[30] Nach dem Gottesdienst wurden an die 200 Gäste im Schulsaal, 70 Musiker in den Nebenzimmern und unten im Haus weitere 100 Personen köstlich bewirtet. „Unter Trompeten- und Paukenschall" wurde dabei auf die Gesundheit des Königs getrunken. Schließlich führte Heinroth seine Kantate noch mal in der Stadtkirche „zum Besten der Armen" auf, woran die meisten der Gäste teilnahmen.

3.

Jacobson unterhielt bereits Beziehungen nach Berlin. 1807 besuchte ihn in See-sen Salomon Jacob Cohen (1772–1845), der an der Berliner Freischule Hebräisch und Religion unterrichtete. In diese Beziehungen ist auch die überlieferte Notiz im verschollenen Programm der Einweihungsfeier 1810 einzuordnen, wonach Ja-cob Meyer Beer, Sohn des Berliner Zuckerfabrikanten und Bankiers Jacob Hertz Beer (1769–1825) „eine von ihm eigens für das Fest komponierte Hymne persönlich dirigieren" sollte[31], wozu es aber nicht kam. Der junge Meyerbeer hielt sich seit April 1810 in Darmstadt auf, wo er zusammen mit Carl Maria von Weber Komposi-tionsunterricht bei Abbé Joseph Vogler erhielt. Jacobson reiste zur Fortsetzung seiner Reformbestrebungen im Februar 1811 nach Berlin. Er subskribierte 150 Ex-emplare des dreisprachigen „Israeltischen Kinderbuchs", um es im Königreich Westphalen einzuführen. Autor war Moses Hirsch Bock (1775–1816), der 1806 eine private Bildungsanstalt für Söhne und Töchter jüdischer Familien eröffnet hatte. Jacobson wurde beim Besuch der Schule feierlich mit Vorträgen in vier Sprachen empfangen[32].

Nach Auflösung des Königreichs Westphalen 1813 verlor Jacobson seine bishe-rigen Ämter, wurde angefeindet und siedelte nach Berlin über, wo er im Dezem-ber 1814 dem Ältestenrat der jüdischen Gemeinde, dem auch Hertz Beer angehörte, seinen Wohnsitz im Palais Itzig meldete. In dessen Betsaal führte er nach Seesener Vorbild Reformgottesdienste ein. H. S. weiß in der „Cäcilia" 1836 Näheres über die Musik zu berichten:

„Diesen Tempel versah er auch mit einem kleinen Orgelpositive, um die Tempelgesänge damit zu begleiten. Da jedoch die neuen Melodieen dort ganz unbekannt waren, so lud der eifrige Reformator wieder den Dr. Heinroth zu sich, welcher mehre Knaben aus der israelitischen Schule

[30] Ebd., S. 309.

[31] N. Friedland, Zur Geschichte des Tempels der Jacobsonschule. (Vortrag, gehalten am 26. Septem-ber 1910 anläßlich der Feier zur Erinnerung an das 100jährige Bestehen des Tempels, Seesen [1911], S. 10 (https://nbn-resolving.org/urn:nbn:de:hbz:061:1–377153, 23.02.2023).

[32] U. Lohmann, „Gottesverehrung im Tempel der Israeliten". Israel Jacobsons Interaktion mit der (Ber-liner) Haskala und die Genese der emotionalen religiösen Rede, in: Israel Jacobson (wie Anm. 6), S. 132 f.

eines dasigen Lehrers, Namens [Moses] Bock, im Gesange unterrichten, und die Melodieen, welche bereits seit einigen Jahren in dem Tempel zu Seesen gebräuchlich gewesen, mit ihnen einüben musste.“[33]

David Fränkel berichtete nun in „Sulamith“ auch über die Musik in der Berliner Haussynagoge des Geheimen Finanzrates Jacobson, insbesondere über die Konfirmation von dessen Sohn Naphtalie am 1. Juli 1812, bei der u. a. „Herr Bankier und Aeltester, J. H. Beer, Herr [Schul-]Direktor [Lazarus] Bendavit“ anwesend waren[34]. Jacobson sprach die Gebete und Lesungen der Psalmen abwechselnd in deutscher und hebräischer Sprache. Die Übersetzung des Schlussgesanges „Adon Olam“ in „Des Weltalls Herr“ dichtete Eduard Kley. Die Feier beendete „Ein dreistimmiger, herzerhebender Gesang, von den Herren Hans Beer, Bleichröder und Lasal vortrefflich ausgeführt.“ Regelmäßig an Sabbat sangen nun die Schüler von Moses Bock im Chor, „obgleich sie auch in seinem Haus den Gottesdienst mit Gesängen von einem Positiv begleitet, verrichten könnten.“ Für die Gottesdienste bei Jacobson besorgte Bock auch „mehrere angemessene Gebete, [...] welche von dem Herrn Professor Zelter in Musik gesetzt werden.“ Der junge Leopold Zunz (1794–1886) berichtet in einem Brief vom 16. Oktober 1815:

„Gestern oder vielmehr Sonnabend war ich in Jacobsons Synagoge. Menschen, die 20 Jahre keine Gemeinschaft mit Juden hatten, verbrachten dort den ganzen Tag: Männer, die über die religiöse Rührung schon erhaben zu sein glaubten, vergossen Tränen der Andacht. [...] Übrigens, es war der Gesang und die Musik gut, und Dr. Heinroth bringt uns jetzt die Seesensche Orgel her.“[35]

Zunz blieb weiterhin mit der Familie Jacobson in Verbindung. Im Jerusalemer Zunz-Archiv ist ein Brief vom 27. Oktober 1823 an den Sohn, Dr. jur. Hermann Jacobson (1801–1890) erhalten[36], der in Berlin als Kaufmann tätig war[37]. Gemäß seinen gottesdienstlichen Reformbestrebungen forderte Jacobson im Juli 1815 den Leiter der Friedländer'schen Freischule, Lazarus Bendavit, in einem Briefwechsel auf, „wenn der Gesang im Chor allgemein eingeführt ist“ Gesangunterricht einzurichten, zumal „nun wie bekannt der Gesang ein wichtiges Bildungsmittel ist.“[38] Unter den gebildeten Israeliten fanden die Gottesdienste bei Jacobson so großen Anklang, dass der Betsaal mit etwa 400 Sitzplätzen zu klein wurde und die Gottesdienste in die Privatsynagoge von Hertz Beer verlegt wurden. Seit 1801 bewohnte

---

[33] Cäcilia 18 (1836), S. 16.

[34] D. Fränkel, Nachricht aus Berlin, in: Sulamith 4 (1812), H. 2, S. 66–69 (Vgl. Anm. 16).

[35] K. Keßler u. a., Architektur und musikalisch-liturgische Praxis. Orgelsynagogen zwischen Klassizismus und Früher Moderne, in: PaRDes. Zeitschrift der Vereinigung für jüdische Studien 20 (2014), S. 15–33, hier S. 17 (online zugänglich über: https://publishup.uni-potsdam.de, 23.02.2023).

[36] Nachweis in Kalliope-Verbund (https://kalliope-verbund.info).

[37] Vgl. die 1890 bei Carl Küster gedruckte „Trauerrede am Sarge des am 27. Mai 1890 zu Berlin verstorbenen Herrn Dr. jur. Hermann Jacobson. Gesprochen auf der Aula der Jacobson-Schule zu Seesen am 29. Mai 1890 von Emil Philipson“.

[38] I. Lohmann, Chevrat Chinuch Nearim. Die jüdische Freischule in Berlin (1778–1825) im Umfeld preußischer Bildungspolitik und jüdischer Kulturreform. Eine Quellensammlung, Münster 2001, S. 840 f.

er ein großes Haus in der Magdeburger Straße 72. Kurze Zeit nach Erlass des preu-
ßischen Religionsedikts, das 1812 den Juden bürgerliche Rechte verlieh, erbaute er
in seinem Hause einen eigenen „Neuen Tempel", in dem Reformgottesdienste mit
Predigt, deutschen Gesängen, Chorgesang und Orgelbegleitung eingeführt wurden.
Beer hatte nach „Cäcilia" auch „eine ziemlich große Orgel von zwei Clavieren und
einem Pedal hineingestellt." In einem Brief vom 30. September 1817 an seinen
ehemaligen Lehrer S. M. Ehrenberg in Wolfenbüttel skizzierte Isaak Markus Jost
(1793–1850), seit 1816 Leiter einer jüdischen Privatschule, zeichnerisch das „grosse
Lokal" (Cäcilia). Jost war mit Zunz der erste jüdische Schüler am Braunschweiger
Gymnasium gewesen, Jacobson hatte ihm dann das Studium in Göttingen und
Berlin ermöglicht. J. H. Beer hatte mit hohen Kosten (7.000 Taler) den Betsaal
erweitert, der nun bis zu tausend Besuchern Platz geboten haben soll. Länglich
erstreckten sich drei nebeneinander liegende Räume[39]. In der Mitte zwischen den
Sitzen der Frauen und den Sitzen der Männer waren nahe dem Lesepult (Bima)
und der Predigtkanzel Sitze für reiche „Magnaten" reserviert, die den Bau finanziell unterstützen sollten. An der westlichen Rückwand hinter den Männersitzen
war die Empore für Orgel und Chor. Für die Gottesdienste komponierten befreun-
dete Musiker wie Carl Maria von Weber, den Beer 1816 auf seiner Reise zur Kur
in Karlstadt nach Prag mitnahm[40], oder Carl Friedrich Zelter (1752–1832), Leiter
der Berliner Sing-Akademie und Musiklehrer des jungen Jacob Meyer Beer. Dieser
wurde vom Vater in einem Brief an ihn in Paris vom 8. August 1815 aufgefordert,
für den Gebrauch in der Synagoge von Jacobson eine Komposition beizusteuern[41].
Als Richtlinien nannte er unter anderem: „1t Der Vers soll von 4 Männerstimmen
gesungen werden ⟨das⟩ und beym letzten Wort Haleluia soll immer der ganze Kohr
einfallen [...] 4tens mus der Gesang fließend einfach und ohne Schwierige Mode-
lationen sein [...]." Meyer Beer entsprach diesen Vorgaben in seinem „Halleluia".
Am 19. September 1815 schrieb die Mutter Amalia Beer an ihren „lieben Meyer":
„gestern ist die Musik für Jacobsohn angelangt."[42] Die Komposition ist erhalten, das
„Halleluja, dein Name sei heilig" wurde 2013 ediert[43]. Der Titel lautet im Autograph
„Halleluia. Eine Cantatine für 4 Männerstimmen mit Begleitung einer Obligaten
Orgel und des Chores ad libitum."[44] In der „Organo"-Stimme ist unterschieden zwi-
schen „volles Werk" (Solo) und „sanftes Werk" (zur Begleitung). Die Pedalstimme

---

[39] Siehe die Abbildung bei N. Glatzer, On an Unpublished Letter of Isaak Markus Jost, in: Leo Baeck
      Institute. Yearbook 22 (1977), S. 129–138; ebenso zitiert in: D. Hertz, Ihr offenes Haus – Amalia
      Beer und die Berliner Reform, in: Kalonymos. Beiträge zur deutsch-jüdischen Geschichte aus dem
      Salomon Ludwig Steinheim-Institut 2 (1999), H. 1, S. 3; sowie in: K. Keßler u. a., Architektur und
      musikalisch-liturgische Praxis (wie Anm. 35).
[40] H. Becker, Giacomo Meyerbeer. Briefwechsel und Tagebücher, Bd. 1, Berlin 1959, S. 318.
[41] Ebd., S. 280 f.
[42] Ebd., S. 284.
[43] Das Autograph befindet sich in der Library of Congress Washington D. C.; siehe die von Hermann
      Max herausgegebene Edition bei Schott Music Mainz, Nr. 55901.
[44] Abbildung im Internet-Portal der Jewish Virtual Library (https://www.jewishvirtuallibrary.org/gia-
      como-meyerbeer-judaic-treasures, 23.02.2023).

ist als unterste in das Klaviersystem einbezogen, auch gelegentlich mit „pedal" (Orgelpunkt T. 13) angezeigt. Oberhalb der vier Männerstimmen ist der „Chor der Kinder" notiert. Er fällt in das wiederholte „Halleluia", dem Schlusswort der Verse, respondierend zu den Männerstimmen mit ein. Der Dichter der drei Verse war Eduard Israel Kley (1789–1867), seit 1810 als Hauslehrer von Michael Beer, dem jüngeren Bruder von Jakob, angestellt. Er wirkte auch als Prediger in beiden Privatsynagogen. In einem Brief vom 1. Oktober 1815 an Jakob Meyer Beer schrieb er: „Ihr Hallelujah, oder besser, das unsrige, ist aus Mangel einer wohl eingerichteten Orgel, noch nicht gesungen worden; auch habe ich es noch nicht gehört."[45] Kley weiß zu berichten: „Der Jacobsohnsche Tempel hat einen glücklichen Fortgang: er ist jeden Sonnabend bis zum Drängen und Ohnmächtig werden, und bey der Beschränktheit des Locals müssen immer sehr viele Menschen zurückgehen, die keinen Platz finden. Ich habe ohngefähr 6mal dort gepredigt [...]." Nach fünf Jahren im Hause Beer, so schrieb er an Meyerbeer, sah Kley sich durch Missverständnisse und nicht erfüllbare Anforderungen veranlasst, nach Hamburg umzuziehen, wo er Direktor der jüdischen Freischule wurde, 1818 auch Prediger in der neuen Synagoge. 1817–1818 gab Kley zusammen mit C. S. Günzburg die in Berlin in zwei Bänden erschienene „deutsche Synagoge oder Ordnung des Gottesdienstes" heraus.

Der Zustrom zu den Gottesdiensten in der Beer'schen Synagoge erregte den heftigen Unmut orthodoxer Gemeindemitglieder, die bei König Friedrich Wilhelm III. Beschwerden einreichten. Am 28. Januar 1816 schrieb dieser an den Kanzler von Hardenberg, er fühle sich entgegen den „Vorstellungen des hiesigen Banquier Jacob Hertz Beer" nicht bewogen, von seiner Order zur Schließung der „ohne Erlaubniß zum gottesdienstlichen Gebrauch der Juden eingerichteten Privattempel" abzugehen[46]. Es gelang Beer durch Vermittlung Hardenbergs, der ihm durch Anleihen verpflichtet war, die Umsetzung des Verbotes auszusetzen, bis der eingeleitete Erweiterungsbau der Synagoge in der nahe gelegenen Heidereuthergasse abgeschlossen sei. Das forderte der König bis zum Sommer 1818. Am 11. Februar 1817 schrieb J. H. Beer an seinen Sohn, es werde sich bald herausstellen, „ob wir ein[en] Anbau an der Alten Synagoge frey erhalten, welche[r] zum teutschen Gottesdienst bestim[m]t ist"[47]. Die endgültige Schließung erfolgte durch einen Erlass des Königs vom 9. Dezember 1823, wonach der Gottesdienst „nur nach dem hergebrachten Ritus ohne geringste Neuerung in der Sprache und der Ceremonie, den Gebeten und Gesängen, ganz nach dem Herkommen gehalten werden soll."[48] Zwei Jahre später starb Isaak Hertz Beer, der sich 1816 in seine Villa im Tiergarten zurückgezogen hatte. Jost entwarf 1817 in seinem Brief mit der Synagogen-Skizze bereits ein kritisches Bild von der damaligen musikalischen Gestaltung des Gottesdienstes, der durch ein Komitee von sieben Männern neu organisiert werde, „denn bisher hat die verstimmte, löcherige, alte, verrunzelte Orgel, und der neue, ungeschickte,

[45] Becker, Giacomo Meyerbeer, S. 295.

[46] Ebd., S. 31 f.

[47] Ebd., S. 320.

[48] Keßler, Architektur und musikalisch-liturgische Praxis, S. 20.

schreiende Chor und die zehnmal ungeschicktere Gemeinde jedes Mitglied gelang-
weilt."[49] Dieser bestand nun aus Schülern der 1816 von Dr. Jeremias Heinemann
gegründeten Mittelschule. Heinemann war zuvor Leiter der Consistorial-Schule in
Kassel gewesen, zeitweise Sekretär von Jacobson.

4.

Damit endete eine erste Phase der Musik in Reformsynagogen, die sich von Seesen 1810 bis zur Reichspogromnacht 1938 mit dem Niederbrennen aller Synagogen
erstreckt[50]. Allerdings hatte sich erst 1845 die 2. Rabbiner-Konferenz in Frankfurt nach längeren Diskussionen für die Zulassung einer Orgel im Gottesdienst
ausgesprochen. Dies wurde zu einem entscheidenden Kriterium für die reform-
orientierten Gemeinden und schlug sich in der Architektur neuer Synagogen mit
Emporen für Orgel und Chor nieder. In den Programmen zur Einweihungsfeier ist
die musikalische Gestaltung des Gottesdienstes besonders deutlich überliefert[51].
Die Entwicklung kulminierte mit dem Bau der „Neuen Synagoge" in Berlin-Mitte.
Für die wachsende Gemeinde war die Synagoge in der Heidereuthergasse zu klein
geworden. Nun standen 3.200 Plätze zur Verfügung. Bei der Einweihung 1866 sang
unter Leitung des Kantors Louis Lewandowski ein vierstimmiger Chor und es erklang erstmals eine große Orgel, die auf drei Manualen und Pedal 45 Register
hatte[52]. Ein halbes Jahrhundert lagen die musikalischen Anfänge mit Chor und
Orgel in den Privatsynagogen von Israel Jacobson und Isaak Meyer Beer zurück.

---

[49] Ebd., S. 19.

[50] J. Nemtsov, Von Seesen nach Berlin. Jüdisch-religiöse Reform und die Entwicklung der synagogalen
      Musik in Deutschland 1810–1938, in: Jüdische Vielfalt zwischen Ruhr und Weser. Erträge der dritten
      Biennale Musik & Kultur der Synagoge 2012/2013, hrsg. v. M. Keller / J. Murken, Berlin 2014 (= Zeit-
      ansage. Schriftenreihe des Evangelischen Forums Westfalen und der Evangelischen Stadtakademie
      Bochum 7), S. 276–294.

[51] K. W. Niemöller, Musik bei den Feiern zur Einweihung der Paderborner Synagoge 1882, in: Westfä-
      lische Zeitschrift 171 (2021), S. 365–370.

[52] J. Nemtsov / H. Simon, Louis Lewandowski: Liebe macht das Lied unsterblich!", Berlin 2011 (= Jüdi-
      sche Miniaturen 114); siehe auch Frühauf, Orgel (wie Anm. 25), S. 249.

Die Autorinnen und Autoren der Beiträge

Michael Eberle, geb. 1995 in Heidelberg, studierte Musikwissenschaft, Theologie und Religionswissenschaft an den Universitäten Heidelberg und Hamburg sowie anschließend mittelalterliche Musik an der Schola Cantorum Basiliensis in Basel. Seit 2022 arbeitet er als Stipendiat der Studienstiftung des deutschen Volkes an seinem Dissertationsprojekt unter dem Arbeitstitel *The Echo of Harmony. Transcultural views on musical cosmology in the eleventh century with special regard to the works of Michael Psellos* an den Universitäten München und Thessaloniki und konzertiert zeitgleich im Bereich der alten Musik. Seine Forschungsinteressen liegen in den Bereichen Musik und Ritual, Musikanschauung im frühen und hohen Mittelalter sowie Modaltheorie.

Alexander Faschon, geb. 1992 in Idar-Oberstein, Studium der Musikwissenschaft in Leipzig, 2022 Promotion (*„Man muß aber auch nicht überall nur unterhalten seyn wollen!" Untersuchungen zur Werkanalyse in deutschsprachigen Musikzeitschriften [1766–1830]*, Druck in Vorbereitung). Von 2018 bis 2020 wissenschaftlicher Mitarbeiter am gemeinsamen Institut für Musikwissenschaft der Hochschule für Musik Franz Liszt und der Friedrich-Schiller-Universität Jena, seit 2020 akademischer Mitarbeiter am Musikwissenschaftlichen Seminar der Universität Heidelberg. Forschungsschwerpunkte: Geschichte der Musikkritik und -ästhetik, Vokalmusik der frühen Neuzeit.

Maryam Haiawi, geb. 1989 in Siegen, studierte Musikwissenschaft (Master 2016), katholische Kirchenmusik (Master 2014) und Klavier (Bachelor 2013) in Freiburg sowie Orgel in Paris und Rotterdam (Master 2016). Sie war Stipendiatin des Cusanuswerkes und von 2013 bis 2016 Organistin der Universitätskirche Freiburg. Von 2017 bis 2018 Wissenschaftliche Mitarbeiterin der Sächsischen Akademie der Wissenschaften zu Leipzig, von 2017 bis 2020 Wissenschaftliche Mitarbeiterin des Graduiertenkollegs „Interkonfessionalität in der Frühen Neuzeit" der Universität Hamburg. Promotion 2021 (*Das Oratorium als konfessionelles Bekenntnis? Interkonfessioneller Austausch von Oratorien im 18. Jahrhundert*, Paderborn 2023). Seit 2019 Organistin der Hauptkirche St. Trinitatis in Hamburg-Altona, seit 2022 Wissenschaftliche Mitarbeiterin der DFG-Forschungsgruppe „Geistliche Intermedialität in der Frühen Neuzeit" der Universität Hamburg. Aktuelle Forschungsschwerpunkte: Geistliche Musik in der Frühen Neuzeit, Orgelmusik, Musik in der Herrnhuter Brüdergemeine.

Wolfgang Hochstein geb. 1950, studierte Schulmusik, Theorie / Komposition, Klavier und Orgel in Detmold sowie Musikwissenschaft in Hamburg. Promotion 1981 bei Hans Joachim Marx. 1976 als Lehrkraft für Schulpraktisches Klavierspiel an die Hochschule für Musik und Theater Hamburg berufen und dort später auch im Fach Musikwissenschaft tätig (die wissenschaftlichen Leistungen wurden von der Universität Innsbruck als habilitationsadäquat anerkannt). Bis zum Eintritt in den Ruhestand Leiter des Instituts für Schulmusik und Dekan der wissenschaftlich-pädagogischen Fächer. Vorsitzender der Hasse-Gesellschaft Bergedorf und Editionsleiter der *Hasse-Werkausgabe*. Nebenamtlicher Organist an St. Barbara Geesthacht. Veröffentlichungen insbesondere zu kirchenmusikalischen Themen einschließlich zahlreicher Editionen. Mitherausgeber einer vierbändigen *Geschichte der Kirchenmusik* (2011–2014) und Herausgeber von zwei Bänden *Geistliche Vokalmusik des Barock* (2019).

Dominik Höink, geb. 1981, Studium der Musikwissenschaft, katholischen Theologie und Psychologie in Münster. Von 2005 bis 2009 Wissenschaftlicher Mitarbeiter im DFG-Projekt zu Römischer Inquisition und Indexkongregation in der Neuzeit. 2009 Promotion an der Westfälischen Wilhelms-Universität Münster (*Die Rezeption der Kirchenmusik Anton Bruckners. Genese, Tradition und Instrumentalisierung des Vergleichs mit Giovanni Pierluigi da Palestrina*, Göttingen 2011). 2008 bis 2018 Projektleiter im Exzellenzcluster „Religion und Politik in den Kulturen der Vormoderne und der Moderne". 2018 Habilitation in Münster (*Oratorium und Nation, 1914–1945. Studien zur Politisierung religiöser Musik in Deutschland*, Münster 2022). 2019 Hermann-Abert-Preis der Gesellschaft für Musikforschung. 2017 bis 2021 Vertretungsprofessor an der Folkwang Universität der Künste Essen. Seit 2021 Professor für Musikwissenschaft am Musikwissenschaftlichen Seminar Detmold / Paderborn. Forschungsschwerpunkte: Religiöse Musik (insbesondere Oratorium), Musik und Nationalismus, Anton Bruckner, Georg Friedrich Händel.

Irene Holzer, geb. 1981 in Rauris (Salzburg), Studium der Musikwissenschaft und der Deutschen Philologie in Salzburg. 2010 Promotion (*„La santa unione de le note":* *Kompositionsstrategien in Adrian Willaerts Messkompositionen*). Von 2012 bis 2017 Leiterin des Mikrofilmarchivs am Musikwissenschaftlichen Institut der Universität Basel und von 2013 bis 2017 Wissenschaftliche Mitarbeitern am Nationalen Forschungsschwerpunkt (NFS) „eikones". Von 2017 bis 2020 Juniorprofessorin für Historische Musikwissenschaft an der Universität Hamburg. Seit 2020 Professorin für Musikwissenschaft an der Ludwig-Maximilians-Universität München. Forschungsschwerpunkte liegen in der liturgischen Musik des Mittelalters und der frühen Neuzeit, Notation und Bild.

Klaus Wolfgang Niemöller, geb. 1929 in Gelsenkirchen, 1950 Studium der Musikwissenschaft, Theaterwissenschaft und Kunstgeschichte an der Universität Köln, Promotion 1955, Habilitation 1964, Professor 1969. Direktor des Musikwissenschaftlichen Seminars der Universität Münster 1976, des Musikwissenschaftlichen Instituts der Universität Köln 1983. Mitglied der Nordrhein-Westfälischen Akademie der Wissenschaften 1976. Vizepräsident 1994, Präsident der Gesellschaft für Musikforschung 1989–1993. Vorsitzender des Joseph-Haydn-Instituts in Köln 1978, der Robert-Schumann-Forschungsstelle in Düsseldorf 1984, des Instituts für deutsche

Musikkultur im östlichen Europa in Bonn 1998. Jüngste Buchpublikationen: *Kulturtransfer von Köln nach Tel Aviv. Zur Gründung des Palestine Orchestra 1936*, Köln 2014; *Luthers Reformation und ihre interkonfessionelle Ausstrahlung auf Kirchenmusik und Musikkultur im 16. Jahrhundert*, Paderborn 2018.